Luis Estrella

El valor de la verdad

argos

PRIMERA EDICIÓN
ARGOS, MARZO 2018

Luis Estrella
El valor de la verdad

ISBN: 978-1985646599

Editorial Argos
Santo Domingo, República Dominicana
Teléfono: (809) 482 4700
email: libros@mail.com

Edición al cuidado del autor

Queda hecho el depósito que previene la ley sobre derecho de autor. Los libros publicados por Editorial argos están impresos en la República Dominicana en papel libre de ácidos, y su proceso de impresión cumple con las exigencias requeridas por las asociaciones de bibliotecas norteamericanas y europeas para garantizar su permanencia y durabilidad.

Edición de 2,000 ejemplares

A Isabel Bonilla, por ser la fuente de mi inspiración.

A mis hijas Isabel, Yina, Isaura, Graisy, Laura, Ashield y Ayerine,
y a mi hijo Luis Osvaldo, quienes me conectan con mi ser.

Al periódico digital *Costa Verdedr* y sus ejecutivos, por
ofrecerme su espacio para proyectar mis ideas.

A mi colaboradora Evelyn Hernández.

A mi hermano José Jáquez, por su entusiasta
motivación para hacer realidad esta obra.

Prólogo

Presentar esta obra de mi estimado amigo Luis Estrella es de gran regocijo para este servidor. Siempre nos alegra ver materializados los sueños de las personas que valoramos y estimamos, pero nos embarga aún más la emoción cuando nos distinguen al hacernos partícipes directos de estos sueños. Me honra haber sido seleccionado, entre sus queridos amigos, para elaborar unas palabras entorno a "El Valor de la Verdad".

El Valor de la Verdad es una recopilación de artículos condensados en nueve (9) capítulos. Cada capítulo y sus artículos nos invita a recorrer por la trayectoria personal, política y empresarial de su autor; pero lo más curioso, nos conduce a un mundo inesperado sobre la conducta humana y la salud mental del ser humano. Mi estimado amigo Luis es un curioso de la mente humana y la espiritualidad.

El primer capítulo es un resumen autobiográfico con el cual nos revela su origen tanto de nacimiento como el seno de la familia en la cual se forjó. Luis, hijo de una tierra de héroes, nacido en Santiago de los Caballeros, con alma y corazón en Río San Juan. Como él mismo describe, en el artículo "34 años no son tantos", Río San Juan representa un reinicio en su vida personal y laboral. Se refugia en esta comunidad tras dejar de lado su vida política y revolucionaria, en palabras propias de Luis "Río San

Juan en mis momentos más difíciles me recibió con los brazos abiertos"; le retribuye, a la comunidad, con grandes aportes a la vida cultural y deportiva desde el Club Freddy Méndez y la Corporación Estrella. No puedo dejar de mencionar la influencia de Estrella en los destinos políticos de la provincia. Particularmente creo que el vínculo indisoluble entre Luis y Río San Juan es Ana Isabel Bonilla, su esposa y compañera, quien posee profunda vocación de servicio, acendrado amor a su terruño, es pletórica de inquietudes sociales y con extraordinaria sensibilidad familiar y humana.

Sin lugar a dudas Río San Juan es parte de su historia. Pero es oportuno referirme a los inicios de la vida de un amigo que desde pequeño fue un inquieto en las matemáticas y el deporte, llegando a practicar desde ajedrez, tablero, pasando por ping-pong, béisbol, baloncesto, hasta ciclismo, disciplina en que como él mismo reconoce se destacó.

Las ideas revolucionarias les conquistarían en su paso por Esperanza (provincia Valverde) y continuarían en su regreso a Santiago, con otra "Esperanza", pero esta vez el colegio en el cual finalizaría el bachillerato. Este centro se convierte en el escenario para profundizar su alma revolucionaria y crearía junto a sus compañeros de clase el frente estudiantil "FLECLE". Sus protestas y denuncias contra las injusticias sociales le causarían diversas sanciones en el centro educativo. Posteriormente, y más adulto, producto de su alma revolucionaria sería apresado y viviría en la clandestinidad durante dos años. Pagó un alto precio por defender sus ideas, creencias y principios. Balaguer, dice en uno de sus artículos, "solo nos concedía la cárcel, persecución, asesinato y exilio".

Podría resultar curioso que un joven acomodado se involucrara en luchas revolucionarias y que se levantara ante las injusticias sociales, en una época de persecuciones, pero los que conocemos los orígenes de Luis Estrella tenemos total certeza de que no podría ser distinto. Sobrino-nieto de Ángel María Liz, abogado, miembro del Partido Progresista, quien empuñó las armas en 1914 y 1916 contra la intervención norteamericana, y fuere apresado en catorce (14) ocasiones durante el régimen del dictador Rafael Leónidas Trujillo. También fue presidente de la Junta Central Electoral en el periodo comprendido entre 1963 y 1973. Entre sus familiares cercanos debo destacar a: Sixto y Alexis Liz; Ambiórix Díaz Estrella, legendario abogado y líder político santiaguero y, Víctor Estrella Liz, este último quien expresó en su momento "mi sangre no pertenece a mi madre, ni a mis hijos ni a nadie, solamente a la patria y por ella voy a morir".

Definitivamente, su interés por el bienestar del pueblo dominicano y su integración en los movimientos revolucionarios no surgió al azar, viene en sus venas como nos revela en el artículo "Orgullo de una herencia democrática".

Los capítulos posteriores, de *El Valor de la Verdad*, estarán minados de espiritualidad y un interesante transcurrir por entender la mente humana, la conducta del hombre en sociedad y cómo superar conductas autodestructivas. Revela que hay que separarse del ego y vivir conscientes para ser felices; recomienda jamás olvidar que la vida es dinámica, que va de prisa, y que no es estática.

Si bien abandona la política para dedicarse a la vida personal, profesional y empresarial, desarrollada mayormente en Río San Juan; su naturaleza le hace regresar a mediados de los 90 en las filas del Partido de la Liberación Dominicana (PLD). En lo delante, la obra se centra en conducirnos a conocer la historia, de su regreso a la política, conforme a sus experiencias vividas. Desde el capítulo quinto (V) "Que la historia nos hable" en adelante y hasta el capítulo noveno (IX) "Temas controversiales y anécdotas" nos encontramos con un Luis Estrella que escribe sin tapujos ni reservas, con comentarios propios de un hombre perteneciente a una generación valerosa e impulsiva. Comentarios que respeto y no cuestiono porque soy un fiel abanderado de la sabia expresión de que "cada escritor es dueño de su verdad plasmada en papel". Como diría Aníbal Ponce "quien no es capaz de defender con la vida su opinión, no merece escribir".

El Valor de la Verdad, cierra con un artículo que resalta la labor y el mérito de las mujeres "Loor a las mujeres" donde expresa que "éstas son capaces de jugar un rol igual o de más calidad que los hombres. A la mujer debe dársele su espacio en todos los estamentos de la sociedad". Criterio éste que comparto fielmente, creo en la capacidad inmensurable de la mujer, por ello siempre he compartido la expresión del poeta francés Louis Aragón "la mujer es el porvenir del hombre."

Así finaliza, pues, esta obra muy personal de mi estimado Luis Estrella. Una obra que nos invita, sin más, a vivir a plenitud el presente de una vida perfectamente imperfecta donde el perdón siempre será la mejor medicina para la traición.

Me es grato haber leído y escrito estas palabras sobre El Valor de la Verdad. Les invito a leer a Luis Estrella, quien revela una pluma que tinta el papel con honestidad, comentarios controversiales, crecimiento espiritual y personal, que solo puede nacer de un hombre culto y con la formación propia de una generación que, si bien no tuvo acceso a los avances tecnológicos como las nuevas generaciones, sí tuvo la oportunidad de formarse a través de los libros y las luchas sociales que les hacen dignos hijos de nuestra patria.

Milton Ray Guevara
Santo Domingo
26 de enero de 2018

Introducción

En septiembre del 2013 los ejecutivos del periódico digital *Costa Verdedr* me sugirieron que escribiera un artículo semanal para ese medio. Al poco tiempo comencé a escribir acerca de temas diversos, sin técnica periodística previa, simplemente dejando que la imaginación y la independencia de criterios se manifestaran.

Con el tiempo sentí la inquietud de hacer una revisión de los artículos que había escrito, encontrándome con la sorpresa que sobrepasaban las 200 publicaciones, por lo que empezó a germinar en mi mente la idea de realizar una recopilación y convertir ese material en una obra.

En la medida que comencé ese trabajo de revisión me fui dando cuenta que muchos de esos artículos ya no encajaban en la realidad actual, que otros reflejaban un momento determinado y habían perdido el interés para los posibles lectores. Además pude comprobar que algunas de esas publicaciones en realidad no estaban acorde con mi visión ante la vida, sino que eran el resultado de circunstancias coyunturales.

Después de revisar y leer de nuevo cada artículo, reduje ese material a menos de la mitad de los que había escrito, por lo que le estoy presentando en esta obra 113 artículos que significan un resumen de esos 4 años de labor de publicaciones, con la cual me identifico por entender expresan un mensaje positivo a la sociedad, aunque, en algunos casos, puedan parecer albergar rasgos conflictivos.

En verdad no me considero periodista, escritor, articulista, ni nada parecido, simplemente un ciudadano con inquietudes, con una visión independiente y una absoluta e indiscutible libertad de criterios para referirme a cualquier tipo de temas, ya sean políticos, sociales, religiosos, económicos, internacionales y hasta de la conducta humana.

No sé si seguiré escribiendo artículos o me decida por publicar, sobre otros tópicos, lo que sí estoy consciente es que lo que decida hacer siempre estará alumbrado por la independencia, los principios, la ética y, sobre todo, lo más apreciado que puede tener un ser humano: La libertad de pensamiento y expresión de criterio.

Concluyo con una frase del inmortal y autor del libro "Educación y lucha de clases", Aníbal Ponce, cuando dijo: "QUIEN NO ES CAPAZ DE DEFENDER CON LA VIDA SU OPINIÓN, NO MERECE ESCRIBIR".

Capítulo I
Resumen Autobiográfico

Mis años de infancia
18 diciembre, 2016

Los últimos artículos que he escrito están dedicados en gran medida a reseñar un gran período de mi vida, faltando para completar mis datos biográficos, mi infancia y el inicio de la adolescencia. Por sugerencia de algunos amigos, decidí escribir este artículo para cubrir esa parte, porque es posible, quizás necesario para un futuro proyecto, que en estos momentos estoy estudiando para su ejecución.

Soy el único varón y menor de cuatro hijos, procreados por Luis Osvaldo Estrella Liz y Paula Mercedes Pichardo Massennet, nacido por accidente en Cayetano Germosén, municipio de la Provincia Espaillat. Mi padre desenvolvió su vida entre ser fiscalizador, Juez y encargado de recursos humanos de algunas compañías privadas, por lo que en mi infancia tuve que vivir en distintos lugares, siempre teniendo a Santiago como el centro, pues mis padres eran nativos de la capital del Cibao.

Mis recuerdos alcanzan hasta los 4 años y algunos muy vagos antes de esa edad. A los cuatro años tenía una memoria fotográfica, prodigiosa, hasta el punto que a mi casa frecuentaban decenas de personas para comprobar mis dotes, llegando incluso a llevarme a los colegios más avanzados de la época para carearme en matemáticas con niños de tercero de primaria.

A los cinco años era un asiduo lector de paquitos o muñequitos, y cuando entré a la escuela, estaba muy por encima de los niños de mi edad. Eso duró hasta que llegó un momento que perdí el interés en la escuela y pasé a convertirme en un estudiante de la generalidad. Volví a recobrar el interés académico en el segundo grado del bachillerato y de nuevo me convertí en un excelente estudiante académico.

Los primeros cuatro años de la escuela primaria lo realicé en el municipio de Esperanza, el quinto en Santiago y desde el sexto al primero del bachillerato en Manzanillo. Para el primero del bachillerato tenía que viajar a Dajabón, pues en Manzanillo no había liceo. En esos años desarrollé en ese pueblo costero una gran obsesión por la lectura de novelitas de vaqueros, recuerdo que tenían hasta 120 páginas y leía tres todos los días.

Desde niño siempre me relacioné con personas mayores, con jóvenes que me superaban en edad, aunque jugaba con los de mi edad, ese no era mi interés. Jugaba ajedrez y tablero o damas, teniendo que abandonar el ajedrez porque en el pueblo nadie jugaba al nivel que tenía, pero si había excelentes jugadores de tablero, por lo que me concentré en él y a los 13 años ya era el de más nivel en el pueblo.

Jugaba también ping pong y béisbol, siempre en una liga mayor; no me aceptaban en las ligas de mi edad. En ese tiempo también jugué baloncesto, y aunque era parte del equipo municipal, en realidad nunca me destaqué como jugador. Me gustaban todos los juegos, parche chino, dominó, barajas. etc. En el que más pude sobresalir fue en ciclismo, era excelente en eso, pues lo practicaba desde los 3 años.

Puedo decir que tuve una hermosa familia, unas hermanas que me adoraban y unos padres especiales, duraron más de 50 años de casados. No puedo quejarme de mi infancia, fue libre y feliz, disfruté sin límites y, sobre todo, con mucho amor. No albergo ningún recuerdo traumático, lo cual agradezco en el alma, porque me hizo formarme sin resentimientos ante la vida y con la capacidad de perdonar.

Cuando nos retiramos de Manzanillo y llegué de nuevo a Esperanza para cursar el segundo grado del bachillerato, ya un adolescente, comenzaron mis inquietudes revolucionarias y a partir de ahí mi vida toma otro giro.

Lo que sí puedo decir es que se ese período de la infancia siempre fui algo tímido, un poco retraído, muy competitivo, con intereses restringidos, aunque muy obsesivo en lo que emprendía. Siempre me relacioné con jóvenes mayores y leía y me preocupaba por cosas que no eran propias de mi edad. Mientras los otros jugaban, quizás yo pensaba en los confines del horizonte, del origen de la vida, del funcionamiento del Universo, de qué existía después de la muerte y de miles de cosas que no podía compartir con mis amigos.

En realidad era un poco diferente a los demás, siempre fue así, quizás ahora me diagnosticarían como Asperger, pero aprendí a conocer la vida y sobre todo a conocerme a mí mismo, lo que me ha ayudado a entender los cambios de ánimo y humor. Quizás no sea bueno en la interacción social, pero soy auténtico y sincero cuando lo hago. Quizás tenga intereses restringidos, pero eso me ha permitido realizar las cosas que hago lo mejor posible. Quizás sea un poco obsesivo, pero siempre trato de hacerlo en cosas positivas y de no ser positivas retirarme a tiempo.

La mejor manera de vivir la vida es ser capaz de conocerse, vivir el momento y no juzgar jamás a los demás.

Los años que definieron mi vida
12 diciembre, 2016

Algunos amigos seguidores de mi columna en Costa Verde DR, después de leer la serie titulada: "34 años no son tantos", en la que hago una breve narración histórica desde que llegué a Río San Juan por primera vez en 1982, me han inferido en relación a los años anteriores a ese proceso. En vista de esos comentarios, tomé la decisión de escribir un artículo que reflejará un periodo de 12 años, los cuales fueron determinantes para tomar las grandes decisiones que asumimos en la vida y que marcan el sendero por donde seguir en lo adelante, hasta el final de la existencia.

En 1970, por circunstancias de la vida, llegué a Esperanza, municipio de la provincia Valverde y en el cual había vivido 5 años, cursando desde el primero hasta el cuarto grado de primaria. En el liceo de esa comunidad cursé el 2do. del bachillerato y fue donde me inicié en las luchas estudiantiles, enrolándome en acciones de protestas propias de la época, pasando a formar parte de un grupo de poesía coreada, desde donde protestábamos en contra del estado de cosas existentes en ese momento, como era la represión política del gobierno balaguerista. Recuerdo que nuestra obra favorita era la poesía de Pedro Mir, "Hay un País en el Mundo."

Cuando terminé el año escolar volví a mi ciudad natal, Santiago de los Caballeros, donde ingresé al colegio La Esperanza, donde hice el 3ro. y 4to. del bachillerato. Al pertenecer ese centro de enseñanza a la Tabacalera, donde trabajaba mi padre, había muchos hijos de obreros de esa compañía estatal, que de una manera u otra estaban ligados a la lucha revolucionaria anti-balaguerista. Con algunos de ellos pasamos a constituir el Frente

Estudiantil del Colegio La Esperanza "FECLE", a través del cual manteníamos una campaña de denuncias con afiches y volantes. En ese proceso fui sancionado dos veces por mi lucha estudiantil, primero expulsado junto a 18 compañeros, para luego ser reintegrado por la presión de una campaña que integró diversos sectores de Santiago y, la segunda sanción, fue la de enviarnos tres materias para septiembre, por haber realizado una marcha de protesta.

En 1973 ingresé a la UCAMAIMA a estudiar derecho, sin haber permitido que el colegio realizara graduación, en protesta por las acciones represivas tomadas en nuestra contra. En 1994 paso a militar en el Movimiento Revolucionario Nueva República- MORENURE-, aliado del Partido Comunista -PACOREDO, desde donde mantuvimos una campaña de lucha y protesta en la universidad. En el 1975 paso a dirigir la Liga de Juventudes Democráticas-LIJUDE- en Santiago, lo cual me lleva a vincularme y crear células en los liceos y escuelas públicas.

En 1976, al salir de una reunión con otros compañeros en el barrio Pueblo Nuevo, soy apresado y acusado de realizar actividades subversivas, aunque lo único que me encontraron fue una revista de China "Pekín Informa", un periódico, "El Comunista" del PACOREDO y el libro de Stalin, "El Estado y la Revolución". Estuve detenido 2 semanas, tiempo durante el cual fui sometido a torturas psicológicas y a uno que otros golpecitos, los cuales no fueron más graves porque el procurador fiscal del entonces estaba casado con una tía mía y había alertado para que no se me golpeara. Me soltaron porque el general Estrella Sadhalá, primo de mi padre, intervino para que me dejaran en libertad, ya que no tenían nada en mi contra, a menos que no fuera mi militancia revolucionaria.

Esos dos años, de 1976 a 1978, significaron para mí una terrible persecución, viéndome obligado a subsistir en la más difícil circunstancia, en total clandestinidad, con grandes limitaciones, sin poder visitar ni siquiera a los familiares, pero era un momento en el que creía en una causa y estaba dispuesto a dar mi vida por ella. Puedo decir que en ese período nunca hice nada fuera de la ley, solo defender mis ideas, criterios, y principios, pero Balaguer y su régimen represivo y criminal, no permitía que esto sucediera, respondiendo con la cárcel, persecución, asesinatos o el exilio. Así de simple para los que no vivieron ese régimen de opresión, oprobio y carencia de libertades.

Con la victoria del Partido Revolucionario Dominicano en 1978, el presidente electo, Antonio Guzmán, de inmediato decretó el cese de la represión, la libertad de los presos y el regreso de los exiliados. Eso permitió que volviéramos a la vida pública y abandonáramos la clandestinidad. El país empezó a tomar un nuevo camino y los partidos de izquierda fueron legalizados, pasando a una lucha diferente, sin el temor de ser apresados o asesinados en cualquier momento.

En la vida siempre existe una parte positiva, aún de lo más negativo; la vida clandestina me permitió fortalecer mi espíritu para las situaciones difíciles que se nos presentan, al mismo tiempo me permitió dedicar mucho tiempo a la lectura, entiendo que leí cientos de libros, que me permitieron ampliar mis conocimientos y cultura general. En verdad no me arrepiento de lo que viví y hasta sufrí, porque me permitió conocer un poco más al ser humano y, sobre todo, prepararme para futuras batallas que pude sortear por la experiencia con que fui gratificado en esos difíciles años.

A partir de 1978 fui escalando en el partido, llegando al Comité Central y secretario general del Comité Regional Norte, lo que me transfirió grandes responsabilidades, como la de estar encargado de todas las provincias del Cibao. Mi vida se desenvolvía de una provincia a otra y viajando semanal a Santo Domingo para los informes y reuniones del Comité Central. A pesar de estas responsabilidades, nunca abandoné mis hábitos de lectura; siempre me mantuve leyendo, lo cual, hasta el momento, he logrado mantener.

Después del triunfo de Salvador Jorge Blanco en 1982, un día cualquiera, que exactamente no recuerdo, me senté en la casa de mis padres y empecé a reflexionar como nunca lo había hecho. Me pregunté si estaba en lo correcto, si debía seguir por el camino que iba, que con 27 años no tenía nada estable, que si no era tiempo de tener una familia, un trabajo o negocio propio. Pensé que nada de esto sería posible, porque era un profesional de la política como decía Lennin, una persona que dedica todo su tiempo a la lucha revolucionaria.

Esa noche no dormí; miles de ideas pasaban por mi cabeza, dudas, vacilaciones, inseguridades. Pensaba que mi cabeza iba a estallar en mil pedazos, hasta que comenzaron a aparecer los primeros rayos de luz de la mañana. Entonces tomé una decisión: abandoné el partido y me dediqué a desarrollar una vida diferente; me dediqué a trabajar para mí.

En esas circunstancias decido desarrollar un negocio propio, y con el apoyo de mis padres, que me facilitaron un local y un vehículo, así como algunos recursos económicos, me inicié en la venta de pescado. Monté la "Pescadería Calamar" y realicé mi primer viaje en busca de la materia prima, de esa manera fue que llegué a Río San Juan. Esa es la razón por la cual me siento tan vinculado a ese municipio norteño, porque en mis momentos más difíciles me recibió con los brazos abiertos, dándome apoyo, calor humano y convirtiéndome en uno de los suyos para siempre.

34 años no son tantos (1 de 3)
3 diciembre, 2016

Aunque Gardel dijo que 20 años no es nada, yo podría decir que 34 años tampoco son tantos, porque exactamente hace ese tiempo arribamos por primera vez a Río San Juan, en principio atraído por el negocio de la pesca y luego involucrándome de una manera tal, que sin darme cuenta me hice parte de ese hermoso municipio de la costa norte.

Cuando llegué a Río San Juan, en 1982, era un pueblo pequeño, donde todos se conocían, ya que los barrios que hoy constituyen la comunidad, no existían. Recuerdo el peaje con una soga frente al Ayuntamiento de las Adames, Batatica, Charles, Luis Hernández, recolectando en Navidad para las frías, así como las bohemias en la Laguna de Félix Viquini y sus inolvidables serenatas, de las cuales luego fui parte importante.

En esa época acababa de culminar 8 años de militancia en la izquierda revolucionaria, por lo que Río San Juan se constituyó para mí en un reinicio de mi vida. Empecé comprando pescado en los puestos de venta de Alicia y Piquete, Adela, Punga y otros. Milagros Bonilla fue la persona que más impactó para que me estableciera en ese negocio. También le compraba a los barcos de Chamacón, Mino Pérez, La Sumasa, el barquito de Freddy y de Danilo el gordo.

Luego adquirí dos barcos, El Nelly y el Altagracia, en sociedad con Santos Mosquea, los cuales contribuyeron a consolidar la pescadería Calamar que tenía en Santiago. En ese periodo del 82-88 me dediqué en cuerpo y alma a mi negocio, lo cual alternaba con la música en los vehículos, lo que se constituyó en un espacio de entretenimiento, fiestas y francachelas de amigos. En verdad fue un periodo excelente en los negocios y de mucha compenetración con los munícipes de Río San Juan. Todos esperaban la guagua de Luis Estrella para armar cualquier bonche.

En noviembre de 1988 comienza una nueva etapa en mi vida en Río San Juan, ya que, por accidente, caigo como presidente del primer torneo de baloncesto superior con refuerzos, el cual fue ganado por el equipo Francisco Balbuena. Esto me involucra en el deporte y luego del torneo conformamos la selección del municipio, de la cual fui se manager, participando en un torneo en Nagua, donde ganamos el primer lugar, pero, cono siempre, los nagüeros, como Jalisco, sino ganan, arrebatan. Todo terminó en un gran lio, que impidió el último juego de la serie final.

Ese equipo estaba constituido por Luis Hernández, Alfonso Marte, Perucho, Atawalpa, El Toro, Chimón, Luis Freddy, Chelo, Oscar y el refuerzo Freddy Mena, de San Francisco. Luego de este torneo llegó el auge de los clubes que nosotros conformamos y el Club Freddy Méndez, con Arismendy y Luis Hernández; el Club de las Flores, con José Marmolejos y el Francisco Balbuena.

Los clubes, con sus altas y bajas, siguieron funcionando, pero por la características sui generis de Río San Juan, fueron decayendo, siendo el Club Freddy Méndez el que se mantuvo funcionando por un período de tiempo más prolongado, llegando a tener un local propio, donde se realizaban torneos de diferentes disciplinas deportivas, como de tablero, ajedrez, ping pong, atletismo, maratones, volibol y baloncesto en todas sus categorías, desde mini-basket hasta superior.

En 1989 y como un reconocimiento a la labor deportiva a favor de la juventud que estábamos desarrollando, se nos propone como presidente de las fiestas patronales, las cuales fueron dedicadas a los clubes. Esas fiestas se realizaron con un criterio diferente a lo habitual, dándole prioridad a la cultura y el deporte. Fueron 9 días de intensa actividad deportiva, con torneos de todas las disciplinas, competencias de atletismo y maratones de todas las edades. Además montamos una feria del libro, una exposición de pintura y muchas actividades culturales.

Fueron unas fiestas diferentes e inolvidables, en las que hubo muchas personas que se integraron en cuerpo y alma para su éxito, entre ellas la profesora Zunilda Vásquez (China), Isabel Bonilla, Nengo Paredes, Miguel Alonzo, Próspero Agramonte, Papi Guevita, Chacha, Ivelisse Ramírez, Félix Ramírez; Lourdes Pitón en el cuerpo de orden, la reina y su vice, Tauni Loraine Balbuena y Yakelin Marte.

Después de las fiestas patronales de 1989, llegó otra etapa en mi vida en Río San Juan.

Después de culminadas las fiestas patronales de 1989, continuamos con nuestro aporte al deporte en Río San Juan a través del club Freddy Méndez, lo que mantuvimos hasta 1990. En ese año tomamos la decisión de conformar la Corporación Estrella, entidad que aglutinaba los negocios que teníamos en ese momento y desde los cuales comenzamos a organizar las actividades deportivas.

La Corporación Estrella fue una continuación del club Freddy Méndez, y pudo seguir colaborando con el deporte y los asuntos comunitarios, ya que, por dificultades ancestrales de Rio San Juan, la realización de acciones en beneficio de la comunidad siempre es mal interpretada, lo que tiende a generar un frente opositor crítico y que siempre busca razones que sólo existen en su mente.

Continuamos en esas labores, colaborando y organizando todo tipo de actividades deportivas, lo cual incluyó la formación del equipo de softball "Los Delfines", que tiene la gloria de constituirse en el único conjunto en Río San Juan que por un largo periodo compitiendo con diversos equipos de muchos pueblos del país, terminó ganando el último juego, tal como comenzó, de manera invicta ¿Quiénes componían Los Delfines? Juan Carlos, Sucre, Fernando, Julio su hermano, Luis Hernández, Francisco, Felito, Roberto , Ángel Duarte, Raymundo, los pitchers Cacao, Reyes, Papo Méndez, Leopoldo y la reserva Carmelo, César Bonilla, Papo Mayi, Moreno y un servidor.

En verdad que siempre participamos y organizábamos estas actividades deportivas sin ningún objetivo personal, todo lo contrario, ya que la gran mayoría de ellas la financiábamos con los recursos de nuestros negocios. A principios del 1991 organizamos un torneo superior de baloncesto, que fue el detonante para que mi vida adoptara un nuevo giro, ya que el mismo fue objeto de muchas provocaciones y agresiones, que desembocaron en una trifulca histórica, que, por designios de la vida, no dejó consecuencias funestas.

Esa situación me hizo reflexionar y formularme algunas preguntas, sobre las razones que podrían existir para haberme creado tantos adversarios, si lo que estaba realizando era un aporte de tiempo y recursos, por una causa que entendía justa a favor de la juventud, pero que estaba generando un efecto contrario. En esa situación tomé una decisión que me llevó de nuevo a mi cudad natal, Santiago, para regresar 12 años después, en el 2003, a Río San Juan.

En esos 12 años que transcurrieron en Santiago, me dediqué a mi negocio de pescadería y mi esposa Isabel a su oficina de abogados. Al mismo tiempo nos integramos a la actividad política, a través de la cual Isabel fue diputada por Santiago en el 1994, 1998 y 2002 ,y nosotros sub-administrador de Bienes Nacionales de 1996 al 2000. Por razones personales y que tenían que ver con nuestro hijo Luis Osvaldo, decidimos abandonar el espacio político en Santiago y regresar a Río San Juan, con el criterio de retirada, para vivir una vida tranquila al margen del activismo político.

En verdad ese era nuestro propósito, pero en el 2004 el hoy presidente Danilo Medina, jefe de campaña de Leonel Fernández, designó a Isabel enlace del Comité Central con la provincia María Trinidad Sánchez. Nos integramos a esa labor y por primera vez el PLD gana en MTS por 58 votos. En el 2006 Danilo de nuevo llama a Isabel para que formara parte de la boleta congresual, faltando menos de 2 meses para el escrutinio electoral.

Por el vínculo y el respeto hacia Danilo, Isabel acepta ir en la boleta, y en esos 50 días ganó una diputación, siendo la única congresista que obtuvo el PLD en la provincia.

En esos 10 años, del 2006-2016, pasaron muchos procesos electorales, por lo que prefiero referirme al tema en una última entrega.

34 años no son tantos (3 de 3)
7 diciembre, 2016

A partir del 2006 volví a enrolarme en las actividades deportivas en Río San Juan, principalmente en el baloncesto, y a través de la oficina congresual de Isabel, organizamos múltiples torneos, desde mini-basquet hasta pre-superior. El baloncesto volvió de nuevo a tomar auge en el municipio, lo que motivó la reanudación del torneo tradicional de baloncesto superior, que tenía unos años suspendido.

En el 2008 ocurre un acontecimiento que vendría a influir de manera radical en el rumbo que tomaría el PLD en el municipio de Río San Juan para los próximos 8 años. Me refiero a la confrontación de Leonel y Danilo para la nominación presidencial, lo cual provocó una profunda división partidaria, que se prolongó a través del tiempo.

En esa situación, Isabel y yo nos colocamos al lado del hoy presidente Danilo Medina, pasando a dirigir su proyecto presidencial en la provincia María Trinidad Sánchez. Prácticamente toda la dirigencia provincial del partido, así como las direcciones municipales, pasaron a apoyar a Leonel Fernández. En el municipio de Río San Juan, el Comité Municipal en pleno, así como todos los funcionarios, tomaron la misma decisión, por lo que tuvimos que improvisar una estructura en la provincia y los municipios para apoyar a nuestro candidato Danilo Medina.

Luego de pasado este proceso, las heridas quedaron sin cicatrizar, por lo que en las elecciones del 2008 el danilismo en la provincia sufrió cierta exclusión, lo que provocó una derrota al PLD, que permitió a la oposición pasar de nuevo a cambiar de color la provincia MTS.

En las elecciones del 2012 y siendo Danilo el candidato, conformamos el Movimiento "Todos con Danilo", a través del cual participamos en ese proceso electoral, así como en el del 2016. En el 2012 perdimos la provincia y el municipio de Río San Juan, en unas elecciones muy competitivas. En el 2016 ganamos la provincia y específicamente en Río San Juan sacamos un 67%, quedando por encima del promedio nacional de 61% y del provincial con un 58%, ganando, al mismo tiempo, la sindicatura y el nivel congresual.

Lass elecciones del 2016, así como todos los procesos internos que se celebraron, demostraron que el municipio de Río San Juan en estos últimos 8 años pasó a convertirse en una fortaleza danilista, por lo que, sin temor a equivocarme, me atrevo a decir que es uno de los municipios del país donde Danilo tiene mayor liderazgo y una estructura con mayor fortaleza.

Esas elecciones del 2016 dejaron muchas enseñanzas; lo más importante es que han sido canalizadas positivamente, por lo que en este momento el Partido de la Liberación Dominicana en Río San Juan está más unido que nunca, trabajando de manera coordinada. Estos 8 años de confrontación sirvieron de abono para superar las diferencias, poner en primer plano los intereses colectivos y comprender que el PLD es una sola familia, al margen de la simpatía que se pueda tener por los líderes dela organización fundada por Juan Bosch, sea Danilo, Leonel o cualquier otro. Todos somos peledeistas.

Orgullo de una herencia democrática
15 diciembre, 2016

Ángel María Liz, hermano de mi abuela y por ende mi tío-abuelo, nació en Santiago de los Caballeros en 1890, se graduó de derecho en la Universidad Autónoma de Santo Domingo-UASD- en el 1910. Fue miembro del Partido Progresista que lideraba Federico Velázquez; tomó las armas en 1914 junto a un grupo de santiagueros para defender la ciudad de un cerco militar. En 1916 se opuso a la intervención norteamericana y luego al Horacismo.

Se estableció en la ciudad de San Francisco de Macorís, donde empezó a ejercer su labor como abogado. Desde que se instauró la dictadura trujillista, fue constantemente perseguido, por lo que fue despojado de sus pertenencias personales y el exequátur de abogado para impedirle que ejerciera su profesión. Estuvo 14 veces presos durante la dictadura de Trujillo, sumando un total de 12 años, por lo que fue llamado el Mandela dominicano.

Siempre mantuvo sus principios y honor, por lo que nunca se inscribió en el Partido Dominicano, resistiendo a las amenazas, torturas, encarcelamientos, así como a los ofrecimientos y tentaciones del poder. Por esto, después de la muerte del dictador Trujillo, es declarado héroe nacional.

Sus hermanos Sixto y Alexis también fueron encarcelados al inicio del trujillismo. Alexis logró huir a Cuba, donde pasó los 30 años de la dictadura y es de los fundadores, junto a Juan Bosch, del Partido Revolucionario Dominicano –PRD–.

Ángel Liz murió en 1973 siendo presidente de la Junta Central Electoral, sometida a grandes transformaciones durante su gestión, que implicaron la creación del Registro Electoral, que pasó a sustituir la cédula de identidad para votar en los procesos electorales.

Víctor Estrella Liz, su sobrino, hermano de mi padre y mi tío, fueron acribillados a balazos en el puente Juan Pablo Duarte, en 1961, cuando esperaba la llegada de la OEA para entregarle un documento con informaciones sobre la realidad del país. De este crimen fue acusado Cholo Villeta, uno de los esbirros de los remanentes del trujillismo.

Víctor Estrella Liz nació en octubre del 1928, estudió medicina en la UASD y luego finanzas. Fue profesor de la Escuela Superior de Peritos, la cual lleva su nombre, así como una vía del barrio Pidoca, en los Minas Norte.

Es célebre su frase: "Mi sangre no pertenece a mi madre, ni a mis hijos ni a nadie, solamente a la patria y por ella voy a morir". Un gran ser humano que murió en la flor de su juventud, con sólo 33 años, como Cristo y Alejandro Magno. Mi cariño y amor a sus hijos, mis primos, que todavía me acompañan en este mundo: Amalia, Omna y Luisito.

Ambiorix Díaz Estrella, mi primo hermano, fallecido hace algunos años, fue ejemplo de nobleza, integridad y un ser humano incorruptible. Compañero de toda la vida de José Francisco Peña Gómez y fundador en Santiago del Partido Revolucionario Dominicano-PRD-, partido del cual fue su símbolo y diputado por 5 periodos.

Siendo Procurador fiscal en Santiago fue a quien le correspondió levantar el cadáver de las hermanas Mirabal y su chofer, cuando fueron brutalmente asesinadas por órdenes directas del dictador Rafael Leónidas Trujillo Molina. Ambiorix siempre fue un revolucionario, con una mente progresista y de avanzada, con el cual en compañía de mi esposa Isabel Bonilla, nos correspondió compartir muchos momentos de gran trascendencia en nuestras vidas.

Recuerdo siendo un niño, cuando en 1965 el Coronel Caamaño y un grupo de sus acompañantes fueron atacados en Santiago, por lo que tuvieron que refugiarse en el Hotel Matum, dando inicio a una batalla campal, entre los constitucionalistas y las fuerzas reaccionarias. En esa situación y bajo un fuego cruzado, Ambiorix decidió desafiar el fuego de metralletas, cañones y tanques de guerra que se dirigían al Hotel, y logró llegar donde las fuerzas de Caamaño, salvando su vida milagrosamente, con un carro lleno de agujeros, pero repleto de valor y patriotismo, para acompañar sus compañeros y su líder Caamaño en esa batalla histórica.

Capítulo II
Sobre la espiritualidad

Las enseñanzas del budismo
22 abril, 2016

Sidarta Gautama fue un príncipe que nació en la República de Sakia, bordeando el Himalaya, aunque otros atribuyen su nacimiento en lo que hoy es Nepal. Se presume que vino al mundo en el año 583 a.C y vivió por más de 75 años. A los 29 años abandonó su vida real para dedicarse a buscar la razón de la existencia del ser humano, convirtiéndose en un mendigo y pasando por diferentes etapas en ese proceso, hasta llegar a la iluminación.

Desde ese momento pasa a llamarse Gautama el Buda; lo del Buda viene siendo un título que quiere decir el despierto, el iluminado; siempre estableció que antes de él hubo muchos budas y que después de su muerte habría otros budas. Sin embargo, Gautama es considerado el Buda supremo, el que llegó a la máxima perfección y comprensión de la mente humana y quien dejó un legado que es seguido y practicado por millones de personas en el mundo.

Gautama el Buda basa su visión en que la raíz del sufrimiento del ser humano está en el deseo, el apego a cuestiones materiales como espirituales, afirmando que el ser humano debe vivir en un estado de absoluta libertad, que lo lleva al bienestar y felicidad en la medida que logra comprender, hacer conciencia, que sólo liberándose del apego puede ser libre y eliminar el sufrimiento.

En verdad que la teoría de Buda quizás no sea tan difícil entenderla en el plano teórico, comprender sus planteamientos, leer e identificarse con lo que dijo, pero en la práctica no es tan fácil, ya que para lograrlo tienes que asimilarlo en tú ser, haciendo conciencia y, por ende, haciéndote consciente de que el apego nace de la pasión, de la identificación, tanto con el pasado como con el futuro.

El Buda nos dice que el pensamiento viene del pasado, por lo que todo lo que habéis experimentado, pensado, aprendido, no es más que nuestro ego, que es la raíz de la mente, por lo que ésta está centrada alrededor del ego, y que cuando no hay pensamientos, no hay pasado. Asimismo dice que todo lo que queréis experimentar, las proyecciones que puedes hacer, es el futuro, por lo que el futuro viene siendo una proyección del pasado, un pasado modificado.

Buda reitera que sólo podrás vivir satisfecho y feliz en la medida que seas capaz de vivir el presente, que en realidad es lo único que existe, porque el pasado está muerto y el futuro es una proyección del pasado. Nos dice que estemos presentes, que disfrutemos lo que estamos viviendo, que el mañana vendrá con sus características, y que el hoy, el momento, el presente es lo único que tenemos; nuestra mente, para estar tranquila y sosegada, debe vivir en el ahora.

Buda nos dice que estar libre de pasiones es el mejor de los caminos, entendiendo por pasiones todas las manifestaciones de la mente, ira, celos, envidia, resentimientos, deseos de aprobación, de poder etc. Claro, que para lograr este estado de vida, es necesario desprenderse del apego, que es la causa del sufrimiento y que impide que seamos felices.

Según mis humildes conocimientos sobre el budismo, entiendo que Buda no quiere decir que nos convirtamos en irresponsables, en existencialistas, sino que hagamos conciencia, que estemos alertas para no dejarnos dominar por la mente, por el ego, que siempre quiere más, que hace que el ser humano nunca esté satisfecho ni feliz con lo que tiene, sino que inmediatamente obtiene algo, luego siente un vacío espiritual que lo lleva a querer otra cosa. Por ejemplo, si querían una casa, al tenerla, luego quieren otra más espaciosa, lo mismo que un carro, o cualquier otra cosa material.

Esta teoría budista es muy profunda y no tan fácil de entender, aunque las conclusiones a las que he llegado, es que lo más importante debe ser vivir y disfrutar el presente sin hacerse expectativas sobre nada, realizar las cosas por el simple hecho de hacerlas, sin esperar nada a cambio, ya que ese es un problema de la otra persona; al mismo tiempo, convertirse en un testigo de la propia mente, observar su naturaleza, de cómo van y vienen los pensamientos del pasado y las proyecciones hacia el futuro, para que esa observación nos haga consientes y permita que la controlemos y no que sea la mente, el ego, que nos domine y controle.

Reconozco que este no es un tema muy usual, sin embargo, sencillamente sentí la necesidad de compartir con mis lectores esta inquietud.

Mi coincidencia con el Budismo
17 julio, 2017

Por los artículos, comentarios y continuas expresiones que realizo, muchas personas entienden que soy un budista militante, lo cual podríamos considerar como una interpretación no ajustada totalmente a la verdad. En realidad, coincido con el budismo en la mayor parte de su filosofía, aunque hay algunas situaciones de las cuales todavía no estoy convencido.

Puedo decir que me identifico con el budismo en su concepto de que el Universo es todo energía, por lo que nada es casual, ni existe independiente, sino que todo ocurre como resultado de esa secuencia energética, de la cual todos somos parte. Por eso, según los budistas, Dios es parte de cada quien, es el origen de esa energía y, por lo tanto, es el Universo mismo.

Los budistas establecen que el origen del sufrimiento es el apego, ya sea a cuestiones materiales o espirituales, por lo que la felicidad sólo puede existir cuando estás libre de apego, cuando eres capaz de vivir en libertad. Entienden los seguidores de Buda, que los pensamientos, sentimientos, emociones, celos, ira, etc. son el resultado de la mente, la cual ha sido condicionada por elementos externos, por la sociedad, para que vivamos reprimidos y sin ser auténticos.

Entienden los budistas que la mente está dividida en una parte consciente que es la responsable de nuestras habilidades, destrezas y conocimientos. Además, por otra parte llamada el inconsciente, en la que está casi el 90% de las informaciones y de la cual no tenemos control, pero que existe y en cualquier momento puede surgir y provocarnos sentimientos negativos; se manifiesta más cuando experimentamos la soledad y el sueño.

Los budistas consideran que además de la mente o el ego como también le llaman, existe algo más profundo, que está detrás, y que constituye el final de una persona; es lo que llaman la conciencia, el ser o simplemente el testigo capaz de observar la misma mente. Entienden los seguidores de esta religión o filosofía de vida, que a través de la meditación, puedes sentir el parloteo de los pensamientos, la negatividad de los sentimientos y el sufrimiento que producen las emociones.

Consideran los budistas que sólo con el desapego puedes liberarte del sufrimiento, para vivir en libertad y permitir que los demás también lo hagan, porque, según su filosofía, cada quien es responsable de su vida; no debemos imponer nuestros criterios, sino permitir que las cosas fluyan con naturalidad, sin etiquetarlas, sin considerar que son buenas o malas, sino sencillamente dejar que sean y que cada quien decida el camino que considere más apropiado.

En realidad puedo decir que tengo una gran coincidencia con el budismo, pero nunca he asistido a un templo, no me he confirmado con su religión y ni siquiera he tenido ningún tipo de contacto con los seguidores de esa filosofía. En verdad tengo todavía una diferencia con ellos y es en lo referente a la reencarnación, ya que los budistas creen que la vida es algo pasajero, que el cuerpo desaparece, pero que el alma regresa y reencarna en otra vida. No niego esta interpretación del budismo, pero tampoco estoy convencido de ella.

Hay muchos amigos que me han llamado en los últimos días, como una manera de manifestarme su solidaridad, amistad y apoyo en lo que entienden es un momento no favorable para mi persona. De todo corazón les agradezco su preocupación y muestra de amistad, ya que, como dice el refrán, en los momentos difíciles es que se conocen los amigos. Simplemente para mi he concluido un ciclo en la vida, lo cual anuncia el inicio de otro, no sé si más favorable o no, pero si diferente.

En este caso he actuado como un verdadero budista, sin apego y, por ende, asumiendo las consecuencias en plena libertad, sin sentirme lastimado, resentido ni triste, porque sencillamente tengo plena conciencia del daño del apego en nuestra vida. He logrado asumir esa filosofía de vida, que me ha enseñado a no apegarme a nada, a dejar que las cosas fluyan y a vivir en plena libertad.

Simplemente he cerrado un ciclo en mi vida, el tiempo se encargará de lo demás, el pasado está atrás, por lo que para mí no tiene ninguna importancia. Ese periodo de 7 años, seguro tuvo sus cosas buenas y malas, que es lo más importante, ya que la vida continúa y hay que vivir con intensidad cada día, el momento, el ahora.

¿Por qué asesinaron a Sócrates?
13 julio, 2016

Desde mi punto de vista, el filósofo griego Sócrates, que nació en el 470 a.C. y murió en el 399 a.C., es la más viva representación de la sabiduría, por lo que siempre he sido su fiel admirador, que, aunque no escribió ninguna obra, sus enseñanzas nos llegan a través de sus discípulos, especialmente de Platón y luego del discípulo de éste, Aristóteles.

Sócrates tenía un estilo único que consistía en interrogar a las personas para luego ver las incongruencias de sus afirmaciones, lo que se catalogaba como la ironía socrática. Nunca presumió de ser un sabio; siempre decía que era un ignorante, por lo que, cuando el Oráculo de Delfos lo declaró el hombre más sabio del mundo y le dieron la noticia, reaccionó diciendo que el Oráculo estaba equivocado. La multitud fue donde el Oráculo a decirle que por primera vez se había equivocado, porque Sócrates decía que era un ignorante y que sólo sabía que no sabía nada. En esa situación, el Oráculo le dice que precisamente por eso es el más sabio, porque reconoce que no sabe nada.

Sócrates nunca buscó aprobación, por eso decía "Por favor, dejadme en paz, igual que yo los dejo en paz a vosotros. Respetando mí libertad. Yo no me entrometo en vuestra vida, no os entrometáis en la mía". " Sea lo que sea lo que diga, tengo derecho a decirlo y vosotros también".

Por estos criterios el más fiel exponente del talento de los griegos fue condenado a muerte. Los jueces parece se sintieron culpables por su decisión y le ofrecieron varias alternativas, siendo la primera abandonar a Atenas como un exiliado, a lo que Sócrates contestó que no se marcharía, porque de lo que se trataba era de elegir entre la conveniencia y la vida, y el elegía la vida, aunque conlleve la muerte, porque elegir la conveniencia sería una cobardía.

Le presentaron otra opción, que se quedará en Atenas, pero dejando de enseñar, a lo que Sócrates contestó que eso era aún más difícil, porque "me están pidiendo que no diga la verdad, lo cual es mi única dicha: compartir la verdad con las personas que van quedando a tientas en la oscuridad". En esa situación los jueces establecieron que no podían ayudarlo, porque las masas, que eran mayoría, habían decidido envenenarlo.

Sócrates murió feliz, lo que constituyó una maravillosa escena en la historia de la humanidad, porque el envenenador hacía lo posible por retrasar el tiempo para no darle el veneno, a lo que Sócrates insistía en que se lo diera lo antes posible. Por lo que, al preguntarle por qué tenía tanta prisa, le contestó: "Tengo prisa porque he vivido todo al límite, con totalidad; la conozco. En cambio, no conozco la muerte; es una gran aventura, por lo que tengo ganas de conocer la muerte".

La acusación que le hicieron a Sócrates para asesinarlo fue que se había desviado de los dioses y estaba corrompiendo la juventud. Pero en realidad fue envenenado por ser auténtico, defensor de sus ideas y un individuo que trazó su propia senda, recorrió su propio laberinto y no siguió el camino por el que transitaba todo el mundo.

Por eso murió Sócrates.

La lámpara de Diógenes
21 enero, 2016

Hoy es un día especial en nuestro país, que por su carácter religioso es declarado festivo y miles de personas viajan hacia la provincia la Altagracia a renovar su espiritualidad y expresar su devoción a la virgen protectora del pueblo dominicano. .

Aprovechando el asueto y en la tranquilidad de nuestro hogar sentí cierta motivación por la filosofía y me vinieron a la mente algunos pasajes de la antigua Grecia y, en especial, por un filósofo que, pese a no dejar ningún legado por escrito, fue alguien muy respetado y venerado por sus contemporáneos, discípulo de Antistenes, el último pupilo de Sócrates, nacido en la Colonia Griega de Sinope, en el 412 a.C. Me refiero a Diógenes el Cínico, quien murió en Corinto a muy avanzada edad.

Se dice que Diógenes superó a su maestro y que marchó hacia Atenas con un discípulo, Menes, quien luego lo abandonó, por lo que su respuesta ante esta situación fue la de que si Menes podía vivir sin Diógenes, él también podía vivir sin Menes. Según los datos que se tienen sobre este personaje, se dice que vivía en una Tinaja y que no tenía más pertenencia que una manta y un cuenco, caracterizándose por llevar una vida libre, sin bienes, aunque con una gran paz, tranquilidad, felicidad y sabiduría.

Cuentan que en una ocasión Alejandro Magno, intrigado por las informaciones que le llegaban sobre Diógenes, fue a visitarlo en un momento que estaba en el río, desnudo, una mañana soleada. Cuando Alejandro llegó le dijo: "Soy Alejandro el grande", y éste le contesto: "Y yo soy Diógenes el Cínico", por lo que éste, al ver a Diógenes con un hermoso cuerpo y más de 80 años de edad, le dijo: "Qué quieres, puedo darte lo que pidas", a lo que el viejo filósofo contestó: "Sí, que te apartes, que me estás tapando el sol". Pueden imaginarse la reacción de los acompañantes de Alejandro; según dicen, las palabras que pronunció Alejandro fueron:" Si no fuera Alejandro, me gustaría ser Diógenes".

Antes de marcharse, Alejandro le dijo: "Voy a conquistar la India y luego descansaré", a lo que Diógenes respondió: "Bueno, yo estoy descansando y no he conquistado nada, ojalá tengas la oportunidad de hacerlo y no mueras antes de lograrlo". Se dice que Alejandro reflexionó mucho sobre esto, pero nunca pudo hacerlo, pues murió siendo muy joven antes de llegar a su pueblo y donde su madre lo esperaba. Por esta conversación es que Magno instruyó a sus asesores para que cuando muriera, lo llevaran en la caja con las manos afuera, para que así todos vieran que el conquistador del mundo, el grande, el rey de reyes, al morir se iba con las manos vacías.

Entre las pertenencias de Diógenes estaba una lámpara, con la cual salía en el día por todo el pueblo para ver si encontraba un hombre real, auténtico, lo cual nunca logró, pero decía que esto fue una gran experiencia, pues aunque no encontró a esa persona, si encontró muchos corruptos, hipócritas, mentirosos, farsantes y amantes del poder.

Aunque estoy en filosofía, se dice que la política está inspirada en esta ciencia y ésta a la vez en la política, por lo que voy a citar dos grandes políticos, seguidores de los principios de Diógenes. Primero comenzaré con Platón, quien dijo en su obra la República: " Un gobierno justo debería estar en manos de personas con la virtud de la sabiduría. Los intereses de la mayoría deberían ser considerados más importantes que los individuales". El segundo al que me referiré es a Confucio, que dijo: "La sociedad no podía conseguir armonía política o civil hasta que su pueblo consiguiera armonía moral en su interior".

Que Eckhart Tolle hable (1 de 5)
8 mayo, 2017

He leído varios libros del escritor alemán Eckhart Tolle, entre los que destaca "El poder del ahora". Sin embargo, cuando llegó a mis manos "El silencio habla", lo he convertido en mi compañero permanente, consultando, repasando y releyendo cada una de sus páginas cada vez que tengo oportunidad o simplemente cuando siento desde mi interior que debo hacerlo. Es un libro pequeño, que consta de una introducción y 10 capítulos, que he decido resumir con palabras del propio autor, incluyendo las citas.

INTRODUCCIÓN

"Si te diriges a un profesor espiritual – o te acercas a este libro- buscando ideas, teorías, creencias estimulantes o discusiones intelectuales, entonces te sentirás decepcionado. En otras palabras, si estás buscando alimento mental, no lo encontrarás y perderás la esencia de la enseñanza, la esencia de esta obra, que no está en las palabras, sino dentro de ti mismo. Una de las características de esa dimensión es una paz vibrante de vida, de modo que cada vez que sientas surgir esa paz interior mientras lees, el libro estará cumpliendo su cometido y realizando su función docente: te está recordando quién eres e indicándote el camino de vuelta a casa".

CAPITULO UNO
SILENCIO Y QUIETUD

"Cuando pierdes contacto con la quietud interior, pierdes contacto contigo mismo. Cuando pierdes contacto contigo mismo, te pierdes en el mundo. Tu sentido más sincero de ti mismo, tu sentido de quién eres, es inseparable de la quietud". ¿ Qué es la quietud? "Es tu naturaleza esencial, es el espacio interno o conciencia en el que las palabras de esta página son percibidas y se convierten en pensamientos. Sin esa conciencia, no habría percepción, ni pensamientos, ni mundo".

"¿Necesitas más conocimientos? ¿Crees que más información, u ordenadores más rápidos, o más análisis científicos e intelectuales van a salvar el mundo? No. Es la sabiduría lo que más necesita la humanidad en estos momentos?". Pero, ¿qué es la sabiduría?¿ Dónde se encuentra? La sabiduría viene cuando uno es capaz de aquietarse. Sólo mira, sólo escucha. No hace falta nada más. Aquietarse, mirar y escuchar, activa la inteligencia no conceptual que anida dentro de ti. Deja que la quietud dirija tus palabras y tus acciones".

CAPITULO DOS
MÁS ALLÁ DE LA MENTE PENSANTE

"La mente pensante es una herramienta útil y poderosa, pero también muy limitante cuando se adueña completamente de tu vida, cuando no te das cuenta de que sólo es un pequeño aspecto de la conciencia que eres. Cuando estás inmerso en el pensamiento compulsivo, estás evitando lo que es. No quieres estar donde estás. Aquí, Ahora".

"La mente existe en un estado de nunca tener suficiente, por lo que siempre ambicionas más. Cuando te identificas con la mente, te aburres y te inquietas fácilmente. El aburrimiento significa que la mente tiene hambre de nuevos estímulos, de más alimento para el pensamiento, y que su hambre no está siendo satisfecha. Descubres que ser una persona aburrida no es tu identidad esencial, el aburrimiento, simplemente, es un movimiento interno de la energía condicionada. Tampoco eres una persona enfadada, triste o temerosa, no son tuyos, no son personales. Son estados de la mente humana. Vienen y van. Y nada de lo que viene y va eres tú".

"La mente busca alimento incesantemente, y no sólo para el pensamiento; está buscando alimento para su identidad, para su sentido del yo. Así es como el EGO (el yo separado) viene a la existencia y se recrea continuamente a sí mismo. Es el yo que nunca está satisfecho por mucho tiempo, es un sentido de quien eres creado por la mente, condicionado por el pasado y que trata de encontrar su realización en el futuro. Cuando reconoces que hay una voz en tu cabeza que pretende ser tú y que nunca deja de hablar, estás saliendo de la identificación inconsciente con la corriente de pensamientos. Cuando notas esa voz, te das cuenta de que no eres la voz, sino quien es consciente de ella".

"Cuando vives a través del ego, siempre reduces el momento presente a un medio para un fin. Vives para el futuro, y cuando consigues tus objetivos, no te satisfacen, o al menos no por mucho tiempo. Los hábitos mentales favoritos del ego, los que te fortalecen, son la queja y la reactividad, lo que te lleva a creer que los demás están equivocados y tú siempre tienes la razón, sintiéndote superior, fortaleciendo tu sentido del yo. Pero en realidad estás fortaleciendo la ilusión del ego".

"El ego necesita estar en conflicto con alguien o algo. Eso explica porque buscas la paz, la alegría y el amor, pero no puedes tolerarlos por mucho tiempo. Dices que quieres la felicidad, pero eres adicto a tu infelicidad. En último término, la infelicidad no surge de las circunstancias de tu vida, sino del condicionamiento de tu mente."

CAPITULO CUATRO
EL AHORA

"Este momento-el ahora– es la única cosa de la cual nunca puedes escapar, el único factor constante en tu vida. Pase lo que pase, por más que cambie tu vida, hay una cosa segura: siempre es Ahora. Y ya no es posible escapar del Ahora. ¿Por qué no darle la bienvenida y hacerse amigo suyo?. Cuando te haces amigo del momento presente, te sientes como en casa dondequiera que estés. Si no te sientes cómodo en el Ahora, te sentirás incómodo dondequiera que vayas".

"La división de la vida en pasado, presente y futuro es obra de la mente y, en definitiva, es ilusoria. Pasado y futuro son formas-pensamiento, abstracciones mentales. El pasado sólo puede ser recordado Ahora. Lo que recuerdas es un suceso que tuvo lugar en el Ahora, y lo recuerdas Ahora. El futuro, cuando llega, es un Ahora. De modo que lo único que es real, lo único que llega a tener existencia, es el Ahora. Casi todas las personas viven así la mayor parte del tiempo. Como el futuro nunca llega, excepto como presente, es un estilo de vida disfuncional. Genera una continua corriente subterránea de tensión, alteración y descontento. No hace honor a la vida, que es Ahora y nunca deja de ser Ahora."

CAPITULO CINCO
TU VERDADERO SER

"Hay muchas cosas importantes en tu vida, pero sólo una importa absolutamente. Importa que tengas éxitos o fracases a los ojos del mundo. Importa si tienes o no tienes salud, si has recibido o no una buena educación. Importa si eres rico o pobre; ciertamente, establece una diferencia en tu vida. Sí, todas esas cosas tienen importancia, una importancia relativa, pero no tienen una importancia absoluta. Hay algo más importante que cualquiera de esas cosas: encontrar tu ser esencial más allá de esa entidad efímera, del efímero yo personal".

Cuando sabes verdaderamente quién eres, vives una vida vibrante y permanente sensación de paz. Puedes llamarla alegría, porque la alegría es eso: una paz vibrante de vida. Es la alegría de conocerte a ti mismo como la esencia de la vida antes de tomar forma. Eso es la alegría del Ser, de ser quien realmente eres."

"Las vidas de la mayoría de la gente están dirigidas por el deseo y el miedo. El deseo es la necesidad de añadirte algo para poder ser tú mismo más plenamente. Todo miedo es el miedo de perder algo y, por tanto, de sentirte reducido y de ser menos de lo que eres. Estos dos movimientos oscurecen el hecho de que el Ser no puede ser dado ni quitado. El Ser ya está en ti en toda plenitud, Ahora".

CAPITULO SEIS
ACEPTACION Y RENDICION

"Cuando puedas, echa una mirada a tu interior para ver si estás creando conflictos inconscientemente entre lo interno y lo externo, entre las circunstancias externas del momento— dónde estás, con quien y lo que estás haciendo—- y tus pensamientos y sentimientos. ¿ Puedes sentir lo doloroso que es oponerse internamente a lo que es?. Cuando reconoces este hecho, también te das cuenta de que ahora eres libre de renunciar a ese conflicto fútil, al estado interno de guerra."

"Hacer una cosa cada vez significa ser total en lo que haces, prestarle toda tu atención. Eso es acción rendida, acción poderosa. Cuando dices sí a la vida tal como es, cuando aceptas este momento como es, puedes sentir dentro de ti un espacio profundamente pacifico. La rendición llega cuando dejas de preguntar: ¿Por qué me está pasando esto a mí. La aceptación de lo inaceptable es la mayor fuente de gracia en este mundo. Deja la Vida en paz. Déjala ser".

Que Eckhart Tolle hable (3 de 5)
12 mayo, 2017

Después de una semana tan convulsionada, de tanta presión y confrontaciones, es oportuno dejar que Eckhart Tolle siga hablando.

CAPITULO SIETE
NATURALEZA

"Dependemos de la naturaleza no sólo para nuestra supervivencia física. También necesitamos a la naturaleza para que nos enseñe el camino a casa, el camino a la salida de la prisión de nuestras mentes. Nos hemos perdido en el hacer, en el pensar, en el recordar, en el anticipar: estamos perdidos en un complejo laberinto, en un mundo de problemas. Hemos olvidado lo que las rocas, las plantas y los animales todavía saben. Nos hemos olvidado de ser: de ser nosotros mismos, de estar en silencio, de estar donde está la vida: Aquí y Ahora."

"La contemplación de la naturaleza puede liberarte del yo, el gran creador de conflictos. Percibe los múltiples sonidos sutiles de la naturaleza: el susurro de las hojas al viento, la caída de las gotas de lluvia, el zumbido de un insecto, la primera canción del pájaro al amanecer. Más allá de los sonidos, hay algo mayor: una sacralidad que no puede ser comprendida a través del pensamiento."

"Tú no creaste tu cuerpo, y tampoco eres capaz de controlar las funciones corporales. En tu cuerpo opera una inteligencia mayor que la mente humana. Es la misma inteligencia que lo sustenta todo en la naturaleza. Para acercarte al máximo a esa inteligencia, sé consciente de tu propio campo energético, siente la vida, la presencia que anima al organismo. Cuando percibas la naturaleza, permite que haya espacios sin pensamientos, sin mente."

"Sólo mediante la quietud interior tienes acceso al reino de la quietud en el que habitan las rocas, las plantas y los animales. Sólo cuando tu mente ruidosa se queda en silencio puedes conectar profundamente con la naturaleza y sanar la separación creada por el exceso de pensamiento. La naturaleza puede llevarte a la quietud. Ese es su regalo para ti. Cuando percibes la naturaleza y te unes a ella en el campo de quietud, éste se llena de tu conciencia. Ése es tu regalo a la naturaleza".

CAPITULO OCHO
RELACIONES

"Que rápidamente nos formamos una opinión de otras personas, qué rápidamente llegamos a una conclusión sobre ellas. A la mente egótica le resulta satisfactorio etiquetar a otro ser humano, darle una identidad conceptual, pronunciar juicios severos. Cada ser humano ha sido condicionado a pensar y comportarse de cierta manera, condicionado tanto genéticamente como por sus experiencias infantiles y su entorno cultural".

"Evitar el juicio no implica ignorar lo que el otro hace; implica reconocer que su conducta es una forma de condicionamiento; implica verla y aceptarla tal y como es, sin construir una identidad para esa persona a partir del condicionamiento. Eso te libera a ti y a la otra persona de la identificación con el condicionamiento, con la forma, con la mente. Entonces el ego ya no rige tu relación. Mientras el ego dirija tu vida, la mayor parte de tus pensamientos, emociones y acciones surgirán del deseo y del miedo. Entonces, en las relaciones, o bien demandaras, o bien temerás algo de la otra persona".

"Para conocer a otro ser humano en su esencia, no te hace falta saber nada sobre él: su pasado, su historia personal, sus experiencias. El saber acerca de, lo confundimos con un conocimiento más profundo, un conocimiento no-conceptual. ¿Vives dramas frecuentes y repetitivos de tus relaciones íntimas? ¿ Desacuerdos relativamente insignificantes que provocan violentas discusiones y dolor emociona?."

"Los patrones egóticos básicos están en la raíz de esas experiencias: la necesidad de tener razón y por supuesto, de que el otro esté equivocado; es decir la identificación con posiciones mentales. También está la necesidad periódica del ego de estar en conflicto con algo o alguien, para poder sobrevivir. Además, está el dolor emocional acumulado del pasado que tú y cada ser humano arrastra en su interior. Este dolor emocional tratará de controlar tu pensamiento y de hacerlo profundamente negativo, provocando relaciones emocionales negativas en las personas que están a tu alrededor, especialmente en tu pareja, para alimentarse del drama y del dolor emocional."

"TOMA CONCIENCIA DE ÉL. DATE CUENTA DE QUE NO ES QUIEN TÚ ERES, Y RECONOCELO POR LO QUE ES: DOLOR DEL PASADO, DEJA DE ALIMENTARLO, Y GRADUALMENTE PERDERÁ SU CARGA ENERGÉTICA".

Que Eckhart Tolle hable (4 de 5)
24 mayo, 2017

En verdad que hacía muchos años que el país no pasaba por momentos tan complicados, una gran tensión, sobre todo un ambiente de incertidumbre, confusión y negativismo. Por más esfuerzo que podamos hacer para mantenernos vinculados a nuestro ser, a nuestra esencia positiva, en cualquier momento somos absorbidos por ese ambiente generalizado y, sin darnos cuenta, empezamos a ser parte de ese mundo exterior, contaminado, confrontador y guerrerista.

Todos los medios, sin excepción, han sido absorbidos por la negatividad, y si nos vamos a las redes sociales, es un verdadero campo de batalla, en el que se dice lo que es, lo que no es y lo que jamás será. En estos días hemos oído de todo, ladrones, delincuentes, come mierdas, hijos de puta, entre otras delicatesen, que ensombrecen y enturbian cada minuto el ya caldeado ambiente por lo que atravesamos los dominicanos. Ojalá no sea el preludio de otra Venezuela, porque de esta manera se iniciaron las cosas en ese hermano país suramericano.

Reconozco que atravesamos por una situación muy difícil, pero tratemos de ser lo más comedido posible, por nuestra salud espiritual, por nuestra tranquilidad y paz, por nuestra familia, por nuestro país, por nuestro futuro. Por todo, esto voy a dejar que Echart Tolle nos siga hablando y con ello dejando un mensaje que quizás nos sirva de algo.

CAPITULO NUEVE
MUERTE Y ETERNIDAD

"Cuando caminas por un bosque que no ha sido domesticado por la mano del hombre, no sólo ves abundante vida a su alrededor, también encuentras a cada paso árboles caídos y troncos desmoronados, hojas podridas y materia en descomposición. Donde quiera que mires, encontrarás muerte además de la vida. Al escrutarlo más de cerca, descubrirás que el tronco que se está descomponiendo y las hojas podridas no sólo hacen nacer nueva vida, sino que ellos mismos están llenos de vida."

"La muerte no es lo contrario de la vida. La vida no tiene opuesto. Lo opuesto de la muerte es el nacimiento. La vida es eterna. Por supuesto que sabes que vas a morir, pero eso no es más que un concepto mental hasta que te topes por primera vez con la muerte en persona, por medio de una enfermedad grave, por un accidente que te ocurre o le sucede s alguien cercano a ti o por el deceso de un ser querido, la muerte entra en tu vida haciendo que te des cuenta de tu propia mortalidad".

"Cuando una experiencia, una reunión de amigos, unas vacaciones, que tus hijos crezcan y se vayan de casa, llega a su fin, mueres un poco. La forma que esa experiencia tenía en tu conciencia se disuelve. Esto suele producir un sentimiento de vacío que muchas personas prefieren no sentir, no afrontar. Si puedes aprender a aceptar, e incluso a dar la bienvenida a los finales de tu vida, tal vez descubras que el sentimiento vacío, que inicialmente pareció incómodo, se convierte en una sensación de espacio interno que es profundamente apacible. Aprendiendo a morir diariamente de este modo, te abres a la vida."

"Cada vez que se produce una gran pérdida en tu vida, como la perdida de posesiones, de tu hogar, de una relación íntima; o la perdida de tu reputación, de tu trabajo o de tus capacidades físicas, algo muere dentro de ti. Sientes que mengua tu sentido de identidad. Cuando una forma con la que te habías identificado inconscientemente y que considerabas parte de ti te deja o se desvanece, eso puede ser muy doloroso. Podría decirse que deja un agujero en la trama de tu existencia".

"Cuando te ocurra algo así, no niegues ni ignores el dolor o la tristeza que sientes. Acepta que están ahí. Date cuenta de la tendencia de la mente a construir una historia en torno a esa pérdida en la que se te asigna un papel de víctima. El miedo, la ira, el resentimiento o la autocompasión son las emociones que acompañan a ese papel. A continuación, registra la historia fabricada por la mente, si lo haces, tal vez descubras que ya no te da miedo. Quizás te sorprenda descubrir la paz que emana de él".

«¡Qué efímera es cada experiencia humana, qué breves nuestras vidas! ¿Hay algo que no esté sujeto al nacimiento y a la muerte, algo que sea eterno? La muerte no es una anomalía ni el suceso más negativo, como la cultura moderna quiere hacernos creer, sino la cosa más natural del mundo, tan natural como su opuesto polar, el nacimiento. Recuérdalo cuando estés sentado junto a un moribundo'.

Excelente reflexión para este preciso momento.

Que Eckhart Tolle hable (5 de 5)
22 mayo, 2017

Simplemente, y sin comentarios, dejaré que Eckhart Tolle concluya.

CAPITULO DIEZ
SUFRIMIENTO Y EL FINAL DEL SUFRIMIENTO

"Los budistas han conocido desde siempre la interconexión de todas las cosas, y ahora los físicos la confirman. Nada de lo que ocurre es un suceso aislado; sólo aparenta serlo. Cuanto más lo juzgamos y etiquetamos, más lo aislamos. Esto significa que cualquier cosa que es, no podría haber sido de otra manera".

"La verdadera libertad y el final del sufrimiento estriban en vivir como s hubieras elegido deliberadamente cualquier cosa que sientas o experimentes en ese momento. Este alineamiento interno con el Ahora es el final del sufrimiento. Si no hubieras sufrido como has sufrido, no tendrías profundidad como ser humano, ni humildad, ni compasión. El sufrimiento abre el caparazón del ego, el sufrimiento es necesario hasta que te das cuenta que es innecesario".

"La infelicidad necesita un Yo fabricado por la mente, con una historia, una identidad conceptual. Necesita tiempo, pasado y futuro. Cuando retiras el tiempo de tú infelicidad, ¿qué queda? Únicamente ese momento tal y como es. Puede ser una sensación de pesadez, agitación, tirantez, enfado e incluso náusea. Eso no es infelicidad, y no es un problema personal. Simplemente es una intensa presión o una intensa energía que sientes en alguna parte del cuerpo. Al prestarle atención, la sensación no se convierte en pensamiento, y de este modo se reactiva el YO infeliz".

"Surge mucho sufrimiento, mucha infelicidad, cuando crees que es verdad cada pensamiento que te pasa por la cabeza. Las situaciones no te hacen infeliz, pueden causarte dolor físico, pero no te hacen infeliz. Tus pensamientos te hacen infeliz. Tus interpretaciones, las historias que te cuentas, te hacen infeliz.".

"Los juicios mentales habituales y la contracción emocional hacen que mantengas una relación personalizada y reactiva con las personas y sucesos de tu vida. Todo eso son formas de sufrimiento auto-creado, pero no lo reconoces como tales porque son satisfactorias para el ego. El ego se crece en la reactividad y el conflicto. Cuando estés sufriendo, cuando te sientas infeliz, estate totalmente con lo que es Ahora. La infelicidad y los problemas no pueden sobrevivir en el Ahora".

"Empieza a practicar en pequeños hechos el hábito de NO NOMBRAR. Si pierdes el avión, si dejas caer y rompes una taza, o si resbalas y caes en un charco, ¿puedes contenerte y no llamar mala o dolorosa esa experiencia? ¿Puedes aceptar inmediatamente que ese momento es tal como es? Considerar que algo es malo produce una contracción emocional en ti. Cuando dejas que la situación sea, sin nombrarla, de repente dispones de una enorme energía".

"Ve más allá del bien y del mal absteniéndote de etiquetar mentalmente las cosas, de considerarlas malas o buenas. Cuando vas más allá del hábito de nombrar, el poder del Universo se mueve a través de ti. Cuando mantienes una relación no reactiva con las experiencias, muchas veces lo que antes hubieras llamado MALO, dará un giro rápido, cuando no inmediato, mediante el poder de la vida misma".

"El dolor físico es uno de los profesores más severos que podemos tener. Su enseñanza es: LA RESISTENCIA ES INÚTIL. Nada podría ser más normal que el deseo de no sufrir. Sin embargo, si puedes abandonar esa actitud y permitir que el dolor esté presente, tal vez sientas una sutil separación interna del dolor, como un espacio entre el dolor y tú, por así decirlo. Esto implica sufrir conscientemente, voluntariamente. Cuando sufres conscientemente, el dolor físico puede quemar rápidamente el ego en ti, ya que el ego está compuesto en gran medida de resistencia".

Con esto concluyo el resumen del libro de Eckhart Tolle, "El silencio habla", contado por el mismo autor. Sólo me queda el deseo de que sus enseñanzas espirituales les hayan sido de gran provecho y, motivarse para adquirirlo y leerlo con mayor profundidad.

El perdón es la mejor medicina para la traición
12 septiembre, 2017

El sistema nervioso tiene como función el control y coordinación de todos los órganos del cuerpo humano, y está constituido por una red de tejidos cuya unidad básica son las neuronas. Está formado por el encéfalo y la médula espinal, el primero lo constituyen el cerebro, el cerebelo y tallo cerebral, y el segundo es una prolongación del encéfalo.

La parte consciente se compone de un 10% y es el responsable de todo lo que es racional, lógico analítico, intelectual y del nivel de conocimientos, mientras el subconsciente maneja las funciones más importantes del cuerpo, como la regulación del metabolismo, ritmo cardíaco, respiración, sistema inmunológico. Por eso se dice que cuando el consciente y el subconsciente entran en conflicto, es el subconsciente el que tiene la prioridad.

Es importante, para comprender el funcionamiento del cerebro, entender cómo funciona el sistema nervioso, el cual está constituido por una red de tejidos cuya unidad básica son las neuronas, que se encarga de más del 95% de sus funciones y está íntimamente vinculado al subconsciente, que, en definitiva, es el que interpreta lo que ocurre a nuestro alrededor para actuar de acuerdo a nuestro programa biológico aprendido o heredado.

El sistema nervioso autónomo funciona sin que le demos órdenes y está compuesto por el sistema simpático y el parasimpático. El simpático activa el sistema de ataque-huida y el parasimpático se encarga de las funciones de crecimiento, mantenimiento y reparación de las células.

Ésta es la razón por la que en muchas ocasiones un acontecimiento puede ser interpretado de una manera por el consciente, que lo analiza y evalúa de acorde a un razonamiento lógico, sacando sus propias conclusiones, pero el subconsciente lo interpreta de otra manera y crea una red neuronal que provocará en un futuro determinado tipo de reacciones como afecciones y enfermedades. Por ejemplo, un hecho que el consciente lo ha visto como natural, el subconsciente lo habrá grabado como una traición.

Cuando el ser humano vive esa situación estresante y que puede hacerse prolongada, el cerebro inconsciente comienza a generar cambios internos para encontrar solución a la misma, haciendo el estrés que el sistema nervioso pierda su equilibrio, produciéndose un reajuste en los ciclos de actividad,(simpático y parasimpático), pasando el sistema de ataque-huida a dejar a un lado el sistema de recuperación, como una forma de garantizar una mejor reacción ante una amenaza presente; lo que provoca que nuestro sistema inmune baje las defensas, ya que todas las células dejan de tener mantenimiento, crecimiento y curación normales.

Debido a estos factores, de manera automática deja el organismo a expensas de las enfermedades, las cuales en realidad son un mecanismo de defensa del cuerpo humano ante la amenaza de un peligro inminente. Por eso cuando vamos al médico nos ponen un tratamiento y al poco tiempo la enfermedad resurge con otras características, ya que no se ha ido al fondo que la ocasiona. Eso no quiere decir que los medicamentos y tratamientos médicos no tengan su importancia, sino que es fundamental buscar el origen que ocasiona el mal, para poderlo solucionar de raíz.

La pregunta oportuna sería que si es una situación provocada por un programa biológico del subconsciente, cómo podríamos solucionarlo. En verdad hay una única manera y es reprogramando el subconsciente, lo cual es perfectamente posible si somos capaces de asumir cambios en nuestro estilo de vida, ya que el cerebro inconsciente reacciona de acuerdo a la realidad que le presentamos, sea real o no; si el cerebro consciente trae al ahora situaciones acontecidas en el pasado o que podrían suceder en el futuro, el subconsciente las adopta como si estuvieran ocurriendo en el presente, generando angustias o ansiedades.

Cuando en nuestras vidas ocurran acontecimientos que han conllevado que el sistema nervioso autónomo haya asumido como una traición, provocando que el subconsciente elabore un programa biológico que dispare el sistema simpático, colocando todo el organismo en una situación de estrés y alerta prolongada ,creando un desequilibrio que provoque enfermedades como mecanismo de defensa, mi consejo es que trates de buscar su origen; primero, reconociendo y aceptando la responsabilidad, luego, asumiendo la enfermedad y conociendo las causas internas que la generaron, para concluir cambiando toda esa programación negativa.

Para cambiar la programación debemos asumir una postura positiva ante la vida, perdonando lo que el subconsciente ha grabado como una traición, creando una conexión alterna que permita el cambio de ese programa biológico negativo, con una nueva red de neuronas. Con paciencia, la nueva visión se irá imponiendo y el subconsciente empezará a activar el parasimpático, comenzando el proceso de curación y, por ende, del equilibrio del sistema nervioso automático, el fin de ciertas enfermedades y, sobre todo, de la ansiedad y la depresión.

Mi conclusión es que la mejor medicina para la TRAICIÓN es el PERDÓN.

Viva consciente y será feliz
8 febrero, 2016

A pesar de los avances tecnológicos, el cerebro humano es una realidad que, hasta el momento, no ha podido ser igualada, demostrándose científicamente que éste puede almacenar las informaciones contenidas en todas las bibliotecas del mundo, ya que comprende millones de células y cada una de ellas puede almacenar millones de informaciones.

Los científicos han comprobado que el cerebro humano es usado un 5%, convirtiéndose genios como Einstein en excepciones, ya que sólo llegaron a utilizar un 10%. Esta maquinaria maravillosa que llamamos cerebro humano está ocupada en más de un 85% por el subconsciente, siendo la parte consciente la que tenemos la posibilidad de manejar y recordar un poco más de un 10%.

Aunque no logramos recordar esas informaciones, están en el disco duro del cerebro, en algún lugar del subconsciente, las cuales salen a la superficie en los sueños, por lo que se ha comprobado que los mismos son una manera de pensar del inconsciente. Sólo cuando logramos un sueño profundo, no logramos soñar, lo cual ocurre un par de horas en la noche, lo que nos coloca en un estado de quietud en el cual la mente deja de funcionar y entonces nos permite un real y reparador descanso.

La mayoría de los seres humanos pasamos la mayor parte del tiempo en un estado de inconsciencia, vivimos y actuamos en esa condición, por lo que hacemos las cosas de una manera automática, mecánica, lo que se refleja cuando, al llevar la cotidianidad de la vida, tenemos el cuerpo en un lugar y la mente deambulando por otro sitio, lo que indica que no estamos siendo conscientes de lo que hacemos.

Actuar con consciencia es estar en alerta permanentemente, concentrado en lo que hacemos; es algo aparentemente muy sencillo, aunque complejo a la vez, ya que para ser consciente sólo tenemos que vivir el momento. Cuando comemos, estar comiendo, lo mismo cuando nos bañamos, cepillamos los dientes, etc. En conclusión, tener la capacidad de disfrutar lo que hacemos sin permitir que la mente vuele por otros lugares.

La mejor experiencia para lograrlo es convertirnos en observadores de nosotros mismos; para esto debemos estar centrados en nuestro ser, no en la periferia, poniendo a depender nuestro estado de ánimo de elementos externos, de lo que piensen y digan los demás, porque esto jamás nos permitirá tener paz y tranquilidad. Sólo cuando logramos a través de la observación que nuestra felicidad dependa de nosotros mismos, podremos lograr que la mente no siga haciendo ruido, con pensamientos que nos producen todo tipo de sentimientos negativos.

Es importante comprender que debemos vivir el presente, porque el presente es una conexión con el pasado y el futuro. Si nos concentramos en un pasado que sólo está en el recuerdo, que está muerto y en un futuro que en realidad es una proyección del pasado, que nada más nos trae angustia, preocupación y ansiedad, si no vivimos el presente e insistimos en el pasado y el futuro, desgraciadamente jamás tendremos paz, tranquilidad ni felicidad.

Vamos a vivir el presente de manera consciente, sin resentimientos, odio, celos ni rencores; vamos a disfrutar de las cosas maravillosas que nos proporciona la vida, de la manera que usted quiera, porque, en definitiva, la vida de cada quien es su propia vida y tiene el derecho de hacer lo que entienda que lo hace sentir bien, satisfecho y feliz, sin importar lo que quiera, piense y entiendan los demás.

Vivamos el presente a plenitud
24 julio, 2016

El presente es una línea divisoria entre el pasado y el futuro; es el ahora, es el momento que experimentas cuando la mente deja de producir pensamientos, ya que el pensamiento es energía, es un espacio material, que inmediatamente piensas, la mente lo guarda como recuerdo y pasa a pertenecer al pasado.

Hay una sola manera de vivir en paz, tranquilo y sin perturbaciones, lo cual se logra disfrutando el ahora, no importa lo que sea, lo majestuoso o simple que vivas, porque así como se disfruta un viaje a Europa o Estados Unidos, de la misma manera puedes disfrutar una cerveza en un colmadon, una buena película, un baño en la playa, comer lo que te guste, observar la luna, compartir con un amigo o tu ser amado.

Las personas con mucha sabiduría nos dicen que lo importante es que lo que hagas lo disfrutes, ya sea que tu trabajo sea de ejecutivo, como de cortador de leña, de pescador, de barrendero, eso es la vida, porque de qué vale tener un buen empleo, mucho dinero o un gran negocio, sino eres capaz de gozar, reírte, bailar, o disfrutar de lo simple.

Aquel que vive anclado en el pasado, siempre está lleno de resentimientos y odio, porque sencillamente el pasado está guardado como un recuerdo en algún lugar de la mente, el pasado no existe, está muerto, por lo que es mejor hacer consciencia de esa realidad. Cuando te aferras al pasado te conviertes en un ser inconsciente, iracundo, resentido y sin capacidad de disfrutar lo que tienes por delante,

Hay momentos en los cuales es importante sentarte en silencio y pasar revista a algunas cosas que sientes que no has logrado superar, profundizar en tu subconsciente, observarlas sin miedo y lograr hacerte consciente, comprenderlas sin bloquearlas para que no te sigan perturbando, ni haciéndote culpable.

Por otro lado está el futuro, que tampoco existe, porque es una proyección del pasado, es algo que no sabes si ocurrirá, por lo que no hay razón de preocuparte por ello: Está demostrado científicamente que lo que proyectas nunca llega a pasar de esa manera. Proyectar el futuro te provoca ansiedad, pánico y desesperación y al mismo tiempo te impide disfrutar el momento, el presente.

En muchas ocasiones estamos haciendo alguna actividad, pero nuestra mente está en otro sitio, de seguro lo has experimentado, porque a todos nos pasa, pero es importante controlar la mente, el ego, ya que de producirse lo contrario, entonces el ego se convertirá en el amo de la mente y no en su siervo, lo cual puede llevarnos a cometer infinidad de errores.

Claro, esto no quiere decir que no uses el pasado como un mecanismo de información, para evitar cometer los errores de nuevo y al mismo tiempo que no pienses en el futuro para ser más organizado, planificado y previsor, para que tengas la capacidad de enfrentar los problemas cuando se presenten o darle la cara a situaciones impredecibles.

Puedes hacer todo lo que quieras, siempre que no olvides que lo más importante es vivir el momento, el presente, el ahora en toda su magnitud y plenitud.

Una historia Zen sobre la sencillez
8 noviembre, 2016

Mientras esperaba los resultados de las elecciones en Estados Unidos, repasaba un libro que he leído varias veces, en el cual hay una historia Zen que quiero compartirla con ustedes, que tiene un mensaje muy edificador sobre el significado de la sencillez, que generalmente confundimos con las posesiones y no con el sentido de la posesión.

Una persona puede no tener ninguna posesión material y ser mentalmente posesivo, por lo tanto no es sencillo, por el contrario, pueden haber seres humanos con grandes bienes materiales y no ser acaparadores ni posesivos, teniendo una actitud humilde y sencilla. Veamos ésta historia Zen para que saquen sus conclusiones.

Había un rey muy poderoso que se hizo un seguidor devoto de un monje budista, el cual vivía desnudo a la orilla de un río. Para comprobar que era un santo de verdad, el rey envió varios espías para que lo vigilarán, los cuales confirmaron que el monje era una persona pura, sencilla, sin ninguna mancha, un verdadero buda.

El monarca visitó al monje y se postró a sus pies, pidiéndole que fuera a vivir con él al palacio, ya que no había razón para que viviera en esas condiciones. Aunque lo estaba invitando, en el fondo el rey esperaba que su petición fuera rechazada, entendiendo que si era un santo no iba a ir a vivir un palacio. Pero para su sorpresa, el monje le dijo, claro que acepto, traigan los carruajes, pues si vamos al palacio lo haremos con elegancia. Desde ese momento la tristeza se apoderó del rey, entendiendo que había sido timado, que era un farsante, pero ya había dado su palabra y tenía que cumplir.

El monje se instaló en la mejor habitación del palacio, pidió las mejores ropas, la mejor comida y así duró un largo tiempo. Durmiendo de noche y de día, pasando el tiempo en la piscina, dando caminatas en el bosque, llevando una vida de holgura y comodidad.

A los 6 meses el rey, desesperado y triste, lo llama y le pregunta, que cuál es la diferencia entre ellos dos, pues mientras el monje lleva una vida de comodidad, él tiene que asumir responsabilidades, preocupaciones y problemas. En esa situación el monje le dice que lo acompañe a una cabalgata para responderte la pregunta.

Después de varias horas de cabalgar llegan a la frontera del reino y el monje le dice que ya estaban en los límites de su imperio, por lo que él le solicita que lo siga y abandone sus posesiones. El rey le dice que si está loco, que cómo puede dejar atrás todo lo que tiene, su reino, esposa e hijos. El monje entonces se quita la ropa y se la entrega al rey, diciéndole que ahí radicaba la diferencia entre ellos, porque él se marchaba sin mirar hacia atrás, que había vivido en su palacio con sus cosas, pero que no era posesivo, en cambio, él sí era posesivo y que ahí estaba la diferencia.

En ese instante el rey comprendió que ese hombre era auténtico; se postró a sus pies y le pidió de favor no se fuera. El monje le dijo, si vuelvo te pondrás triste de nuevo, pensando que todo lo he hecho para engañarte, así que dejas que te haga feliz; no voy a volver. Me voy.

Gran historia con excelente mensaje. La sencillez no está en la posesión, sino en el sentido de la posesión.

Sé luz por ti mismo
12 enero, 2017

En el mensaje que escribí para Navidad establecía que para el próximo año no iba a establecer metas ni objetivos, sino que dejaría fluir libremente la vida, disfrutando de cada momento como si fuera el último, sobre todo, de las pequeñas cosas que a veces pasamos desapercibidas y que en realidad son las que nos proporcionan mayor felicidad.

Es importante comprender que la vida no es tan rígida; lo que es bueno hoy puede ser malo mañana y viceversa, por lo que la vida no puede ser clasificada ni etiquetada; es un misterio en el que algo encaja hoy y todo está bien, pero después no encaja y todo está mal. Mi conclusión es que lo bueno está en armonía con la existencia, por lo que es vital mantenerse alerta ante cada momento, ya que tendrás que decidir en cada instante y de nada servirán las respuestas preestablecidas.

"La vida va de prisa, es dinámica, no estática. No es una piscina de agua estancada, es un Ganges, que no deja de fluir. Nunca es la misma durante dos momentos consecutivos. Por lo que una cosa puede ser buena en un momento y mala en el siguiente".

Para fundamentar este punto de vista, voy a narrarles un cuento zen de mis favoritos.

Existían dos templos que mantenían una rivalidad por años, por lo que el maestro del primer templo le había prohibido a su sirviente que cuando salieran a comprar algo no hablara con el muchacho del otro templo, ya que eran gente mala y peligrosa. Pero los niños, niños son, y un día se encontraron en el camino, por lo que el muchacho del primer templo le preguntó al otro: ¿"A dónde vas"?. El otro respondió: "A donde el viento me lleve".

El primer muchacho quedó avergonzado ante esa respuesta, ofendido, no supo qué responderle. Estaba furioso, frustrado y se sentía culpable, ya que el maestro le había dicho que no hablara con esa gente. No son de fiar. ¿ Qué clase de respuesta es ésa?. Fue a ver al maestro y le contó lo sucedido. "Lamento haber hablado con él. Tenía usted razón, esta gente es peligrosa. Sabía que iba al mercado igual que yo. Pero me respondió: "A donde el viento me lleve"."

El maestro contestó: "Te lo advertí, pero no me escuchaste. Ahora mira, mañana te paras en el mismo lugar. Cuando preguntes: ¿"A dónde vas"? , él te contestará: "A donde el viento me lleve". Entonces, cual filósofo le dices: "¿Irás sin piernas, entonces? Porque el alma es incorpórea y el viento no puede llevarse el alma a ninguna parte". El muchacho se preparó toda la noche repitiéndolo una y otra vez. Estaba muy contento porque iba a demostrar lo que era verdadera filosofía. Cuando se encontraron le preguntó. ¿"Adónde vas"? Pero el muchacho le contestó: "Voy al mercado a comprar verduras".

Me pregunto: ¿ De qué le servía ahora la filosofía que había aprendido". Así es la vida, no puedes tenerla prevista, no puedes prepararla, esa es su hermosura, que siempre te toma desprevenida, siempre llega por sorpresa. Obedece a tu propio ser. SÉ LUZ POR TI MISMO.

Por qué escribo sobre temas
de la conducta humana
25 noviembre, 2015

En los últimos tiempos muchas personas me han cuestionado la razón por la cual escribo temas relacionados con la conducta humana, como trastornos, adicciones, depresiones y asuntos sobre el ego. En realidad yo también me lo pregunto a veces, y concluyo en que también escribo sobre otros temas que no tienen ninguna relación, ni con mi función gubernamental, tránsito, licencias y seguridad vial, o sobre mi quehacer cotidiano, la labor política electoral.

Al analizar esta situación y estos cuestionamientos sobre mi inquietud por temas psiquiátricos y conductuales, he llegado a la conclusión que son el resultado de la vida misma, de mi experiencia, relación y vinculación con personas, amigos y familiares que merodean alrededor de estos desordenes sobre la conducta. El trato continuo y el tratar de comprenderlos, me ha obligado a realizar algunas investigaciones sobre estos temas y, sencillamente, entiendo prudente compartirlo, para facilitar a quienes lo padecen o tienen familiares o amigos en esta circunstancias, hacer más conciencia y obtener mayores conocimientos para lidiar con esos trastornos.

En la medida que profundizo en esos temas, me convenzo cada día de la gran cantidad de personas que nunca han sido diagnosticada, pero que de una manera leve o severa, padecen del Trastorno de Espectro Autista (TEA), de asperger, trastorno narcisista de la personalidad, trastorno de identidad disociativo, bipolaridad, ansiedad y pánico, trastorno de impulsividad y fuertes adicciones al alcohol, las dogas, al juego, a la compra compulsiva, al trabajo, al dinero, al poder, al perfeccionismo, al tabaco o que simplemente sufre de una de las tantas fobias que afectan al ser humano.

Quizás escribo sobre estos temas, que se supone no son propios de mi profesión, como una forma de hacer una mínima contribución para que se maneja con más prudencia este tipo de discapacidad no visible, la cual, si no se comprende, puede producir daños irreparables, principalmente en la niñez, adolescencia y, sobre todo, en la vida escolar. Ojalá el esfuerzo sirva de algo y algunas personas se beneficien de ello.

En particular estas investigaciones y estudios me han servido de gran utilidad, ya que me han ayudado a manejar situaciones propias de mi conducta, como son la obsesividad, problemas de socialización, intereses limitados, poco manejo de la frustración y, sobre todo, la dificultad para manejar las decepciones, que en muchas situaciones me han llevado a procesos depresivos.

Espero que, al igual que a mí, el hacer conciencia sobre el ego y la conducta humana le sirva y beneficie de manera positiva.

Para ser felices, hacer conciencia sobre el ego
1 octubre, 2015

En nuestra vida, de manera reiterada, oímos la palabra EGO, y en realidad en la mayoría de los casos no tenemos la más mínima idea de lo que esto significa, de sus implicaciones y alcances. El ego es nuestra mente, es la programación que desde nuestra niñez hemos recibido de nuestra familia, la sociedad, la escuela, la universidad, etc. Es una ficción, una creencia falsa de lo que somos, por lo que, al identificarnos con esa programación bioquímica, provocamos una infinidad de sentimientos, que nos llevan a la frustración, miedo, depresión, ira, desidia, etc.

Al identificarnos con la mente, con el ego, nos separamos de nuestro verdadero ser interior, por lo que cometemos el error de creer lo que nos dice ésta, de que la felicidad está en el poder, el dinero, la fama y el éxito. Esto hace que en vez de mirar hacia nuestro interior buscando la felicidad y paz interna, la busquemos en el reconocimiento, la aprobación y aceptación externa.

Con esto no decimos que el dinero no sea importante, ya que es un medio para realizar las cosas que nos hacen felices, pero un instrumento solamente, porque la felicidad es encausada y brota espontáneamente al disfrutar las cosas que te gustan en la vida, sea un viaje intercontinental o tomarte una fría en un "colmadón", así como observar la luna, disfrutar de tu ser amado o regar las flores en el jardín.

Todos, en menor o mayor medida, tenemos un ego, somos seres humanos programados en este mundo, pero de lo que se trata es de convertirnos en amos de la mente y el ego, no en su sirviente y esclavo.

Tener la conciencia de convertirnos en testigos de nuestra propia mente, observarla, hacer consciencia de su parloteo y continuos pensamientos que no nos dejan en paz, porque cuando logramos esto y dominamos nuestros pensamientos, sencillamente no hay lugar para la perturbación y ansiedad, sino para la paz y tranquilidad espiritual.

El ego nos invita a los apegos, a pensar que nuestra vida no es posible sin determinada cosa, sea esto poder, dinero, reconocimiento, éxito, fama, lo que se convierte en la raíz del sufrimiento, porque está demostrado que la vida es posible vivirla con felicidad sin nada de esto. Por lo que los invito a que hagamos conciencia sobre el EGO para ser felices.

Las redes, el apego y la adicción
19 marzo, 2016

Albert Einstein fue un científico que se adelantó a los tiempos, y cuánta razón tenía cuando expresó que cuando la tecnología se adelantara a la humanidad, íbamos a tener una generación de idiotas. Es posible que Albert no tuviera la más mínima idea de cuándo esto se iba a producir, pero sí estaba seguro que tarde o temprano ocurriría, por lo que a esta generación lo ha tocado la oportunidad de experimentar ese vaticinio del genio Einstein.

En verdad que las redes sociales han revolucionado el mundo, haciendo inconmensurables aportes en todos los terrenos, convirtiéndose en una herramienta de empresarios, estudiantes, profesores, profesionales y políticos, para lograr objetivos que de manera manual serían imposibles, pero, al mismo tiempo, se ha convertido en un instrumento que de no manejarse apropiadamente, puede producir infinidad de daños, que van desde el aislamiento hasta la mecanización y embotamiento mental.

Las redes usadas de manera inadecuada pueden afectar las relaciones familiares, de parejas, laborales y de simple amistad. Las estadísticas nos están dando unos resultados alarmantes cuando las personas se hacen adictas a las redes, produciendo problemas laborales con muchos despidos por esta causa, dificultades en las relaciones familiares que han incrementado el índice de divorcios, desmotivación académica en los jóvenes y separación afectiva de relaciones amorosas y de amistad.

Nadie puede negar la importancia de las redes, hacerlo sería ignorar el avance inevitable de la sociedad, la tecnología y la modernidad, pero permitir que se convierta en una adicción, en un apego que domine nuestra mente, puede producir efectos negativos de tipo psicosomático, aumentando la ansiedad, los desórdenes de la conducta y hasta la depresión y, en grado, extremo el suicidio.

Es posible que alguien pueda decir que estoy siendo alarmista y que exagero en mis apreciaciones, pero entiendo estoy en lo correcto, siendo esta posición el resultado de muchas experiencias, tanto de relacionados como de mi caso en particular. Mi conclusión al respeto es que cuando permites que tu mente sea dominada o controlada por algo externo, entonces se convierte simplemente en una adicción, igual a cualquier otro apego, pero de consecuencias más nocivas y peligrosas.

En mi caso particular tomé la determinación de ausentarme de fb, que es el medio que utilizo, lo cual me ha dado excelentes resultados ya que a partir de ese momento me siento más tranquilo, con mayor paz y mis relaciones familiares de inmediato han mejorado, dedicando, además, más tiempo a la lectura, que es en realidad lo que disfruto con mayor placer.

Debo reconocer que sin darme tiempo me había convertido en adicto al fb, a cada instante estaba revisando el celular, tenía dificultad para concentrarme y la calidad de las relaciones familiares con mi esposa y hijos había disminuido. Con esto no le digo a nadie que abandone las redes, simplemente les hago una advertencia, para que comprueben si son adictos, o simplemente lo usan como un mecanismo de entretenimiento e información.

Lo importante es que ni las redes ni nada domine nuestra mente, pues sencillamente los daños, aunque en principio imperceptibles, con el tiempo pueden convertirse en catastróficos. Los invito a hacer una prueba por unos días sin redes y estoy seguro que notarán de inmediato los resultados. Inténtelo, no perderá nada, pero podrá percibir algo que sólo es posible realizando este experimento.

Finalmente, a los amigos que me quieren, que reconozco son muchos y que tienen comunicación conmigo por WhatsApp, que por favor no me envíen conversaciones ni comentarios emitidos en las redes. Adoptaré el principio de Buda, que dice que si te envían un regalo y no lo recibes, no existirá la cólera ni la perturbación, porque al no recibirlo, éste vuelve a su destinatario original.

Claro que jamás negaré el derecho que tiene cada quien de expresar sus criterios y puntos de vista, pero también nos reservamos el derecho de aceptarlos y, por lo tanto, de devolver el regalo. Aunque esta decisión no es específicamente por nada en particular, es una determinación para romper con el apego y dependencia mental de las redes; si usted no tiene esa dificultad y puede estar en las redes sin dejarse dominar, les deseo suerte y éxitos por tener esa cualidad de tan incalculable valor.

La vida es perfectamente imperfecta
6 febrero, 2017

Las personas que creen que son perfectas y que entienden que todo lo que hacen debe ser inmaculado, sencillamente padecen de un grave problema de la personalidad, por lo que se desenvuelven en medio de una permanente presión social, de una constante insatisfacción y un profundo sufrimiento que les impide ser felices y disfrutar de esta vida imperfecta.

La perfección, simplemente, no existe; todos estamos salpicados por defectos, todos cometemos errores, y quien se considera especial y por encima de los demás, está observando la vida de manera equivocada. Por eso es fundamental la paciencia, la tolerancia y el amor, para poder convivir con otros seres humanos, que, al igual que nosotros, viven en la imperfección.

En una ocasión leí una historia de un hombre que permaneció soltero toda la vida, y cuando estaba moribundo, con casi 100 años, un amigo le preguntó: "Has estado soltero toda la vida, pero nunca has explicado por qué. Ahora que vas a morir, por lo menos satisface nuestra curiosidad. Si guardas algún secreto, ahora puedes contarlo, porque te estás muriendo".

El moribundo respondió: "Sí, hay un secreto. No es que esté en contra del matrimonio, sino que buscaba la mujer perfecta. Busqué por todas partes y así se me pasó la vida".

El amigo insistió: "Pero en esta tierra tan grande, con tantos millones de habitantes, la mitad son mujeres. ¿No encontráis ni una sola mujer perfecta?". El moribundo, con lágrimas en los ojos, contestó. Sí encontré a una. El amigo se quedó pensativo y le dice: "Entonces ¿qué pasó? ¿Por qué no te casaste?

El anciano, muy triste, respondió: "Porque aquella mujer estaba buscando al marido perfecto".

Este relato encierra una gran sabiduría, sobre todo nos enseña una gran verdad, que podríamos resumirlo en la siguiente frase:" LA VIDA ES PERFECTAMENTE IMPERFECTA".

Una mente positiva y una actitud perseverante:
El éxito está a un metro del oro
19 octubre, 2014

Una actitud mentalmente positiva y una visión perseverante, sin lugar a dudas, que serán determinante para ser una persona exitosa en la vida, de lo contrario ante cualquier fracaso temporal, la tendencia sería abandonar y rendirse, sin entender que la oportunidad "tiene el curioso hábito de aparecer por la puerta de atrás, y a menudo viene disimilada con la forma de infortunio, o de la frustración temporal, por lo que tal vez por eso hay tanta gente que no consigue reconocerla".

Napoleón Hill, el escritor de superación personal más leído, en su libro, "Piense y hágase rico", nos relata la historia de Darby y su tío, en un articulo titulado; "A un metro del oro". Nos relata Napoleón Hill, que Darby, influenciado por la fiebre del oro, se fue al oeste de Estados Unidos para hacerse rico, comenzó a cavar y de inmediato encontró una veta de oro. Regresó a su pueblo vendió todo lo que tenía, compró maquinarias, y logró llenar un carro de oro, pensó que con un par de carros más, pagaba sus deudas y a partir de ahí todo era ganancia.

Cuando siguieron cavando la veta de oro desapareció, entonces frustrado, se dio por vencido, vendió todas las maquinarias a un chatarrero y regresó derrotado a su casa. El chatarrero, consultó con un ingeniero experto en esa materia, el cual le dijo que el programa había fracasado porque normalmente cuando una veta desaparece, a un metro aparece el oro de nuevo, por lo con el asesoramiento del experto, el chatarrero comenzó a cavar y exactamente a un metro encontró la veta de oro y descubrió una de las minas de oro mas grandes del mundo. El chatarrero se hizo multimillonario, por persistir y asesorarse correctamente, y

Darby perdió la oportunidad por abandonar, fruto de una frustración momentánea y no tener el valor de perseverar.

Este relato nos enseña que el éxito puede encontrarse un poco más allá de nuestro más estrepitoso fracaso, entendiendo por éxito no solo la parte material, sino como nos dice el mismo Napoleón Hill: "Las riquezas no siempre se deben de medir en dinero, sino que hay riquezas en las amistades duraderas, en las relaciones familiares armónicas, en la simpatía, y la comprensión entre asociados, en la armonía interna, que da paz de espíritu, todas valores mensurables en un plano espiritual".

Darby era una de esas personas que no se da por vencidas, que persevera, y ante el fracaso del oro, comenzó a vender seguros, aplicando la experiencia de no abandonar a un metro del oro, por lo que cuando alguien le decía que no quería el seguro, persistía, perseveraba, no se daba por vencido, por lo que en su época se convirtió en el mejor vendedor de seguros, fundando luego una compañía y llegando hacer uno de los hombres más ricos de su tiempo. Jamás abandonó a un metro del oro.

La gran mayoría de empresarios prósperos del mundo, han admitido que la mayoría de sus éxitos surgieron un paso más allá del punto en que la frustración se había apoderado de ellos, por lo que me identifico mucho con una frase que encontré en internet y que dice: "El fracaso es un embustero con un mordaz sentido de la ironía y la malicia. Se deleita en hacernos tropezar cuando el éxito está casi a nuestro alcance".

Para mi hay otro ejemplo de perseverancia digno de compartirlo con ustedes, y es sobre el motor de 8 cilindros, me refiero a Henry Ford, cuando decidió crear un carro con 8 cilindros. Los ingenieros en principio argumentaron que era imposible, Ford insistió, y al año de estar trabajando y no lograrlo, lo llamaron y le dijeron que no era posible. Pero Henry Ford era de las personas que no se daba por vencido, y les dijo, quiero ese motor, por lo que los ingenieros siguieron trabajando y de ahí surgió el V8.

EL VERDADERO SIGNIFICADO DE LA PERSEVERANCIA ES NO DARSE POR VENCIDO JAMAS.

La prudencia y la concertación:
Mejor una gota de miel que un galón de hiel
27 octubre, 2014

Al momento de tomar decisiones o emitir criterios en la vida, debemos ser lo suficiente cuidadosos al hacerlo, porque de ello podrían derivarse consecuencias que no sólo nos afectarían a nosotros mismos, sino que su repercusión llegaría a niveles inimaginables, produciendo daños morales y materiales que sólo la prudencia, primero, y la concertación, después, podrían evitar.

Hay muchos ejemplos históricos de hasta donde las circunstancias imponen una actuación basada en la madurez, dejando a un lado el ego y los resentimientos transitorios, personales y mentalmente limitados. Eso fue precisamente lo que hicieron Mao Tse Tung y su Partido Comunista, y Chiang Kai-Shet y el Kuomintang, cuando fueron capaces de poner a un lado las diferencias, para marchar unidos en contra del enemigo común, que era el imperialismo Japonés, que representaba una amenaza constante de convertir a China en una colonia bajo su control.

Si Winston Churchill y Roosevell no hubieran tenido la capacidad de concertación para hacer causa común con Joseph Stalin, para constituir una alianza que detuviera a Hitler y su imperio, cuál hubiera podido ser el destino de la humanidad. O en 1962, cuando la guerra de los misiles, que aviones espías norteamericanos detectaron rampas de misiles en Cuba, apuntando hacia su territorio. En ese momento John F. Kennedy tomó una decisión que pudo haber desencadenado la Tercera Guerra Mundial, pero , al mismo tiempo que advirtió a Nikita Krushev, presidente de Rusia, que si sus submarinos continuaban por aguas del Caribe, serían bombardeados, mantuvo una actitud de diálogo y concertación, que al final permitió que los submarinos se detuvieran, con la promesa condicionada de retirar los misiles de Cuba. Que hizo Kennedy para lograr este objetivo fundamental en ese momento, pues el compromiso de que Estados Unidos nunca invadiría la isla caribeña.

…/…

La vida es un constante accionar en que la prudencia y la concertación son determinantes para poder avanzar, porque si nos detenemos en pequeñas cosas, tomando como estandarte el ego, seremos propensos a abrir heridas, que a veces ni el tiempo es capaz de cicatrizar, como tenemos infinidad de ejemplos históricos de cómo simples hechos manejados con el ego, por palabras sarcásticas, burlonas, hirientes, ofensivas, han provocado confrontaciones interminables, ocasionando daños materiales catastróficos.

Un ejemplo de una persona que actuaba con extrema prudencia fue Abraham Lincoln, lo que le permitió liberar a Estados Unidos de la esclavitud; su control emocional era tal, que estas frases pueden resumir esa visión: "Sin malicia para nadie, con caridad para todos". Y, "No juzgues si no quiere ser juzgado". O aquella frase que le dirigió a su esposa en una ocasión: "No lo censuréis; son tal y como seríamos nosotros en circunstancias similares".

Abraham Lincoln era tan grande y prudente que cuando fue a tomar juramento como Presidente en el Senado, un burgués arrogante se paró y le dijo: "Quiero recordarle que su padre fue un zapatero". La respuesta de Lincoln fueésta: "Le agradezco infinitamente que me haya recordado a mi padre, que ya murió, porque nunca seré tan buen Presidente como buen zapatero fue él". Concluyendo con estas palabras:" Si mi padre les hizo zapatos y necesitan algún arreglo, siempre estaré a su disposición. Pero deberán tener en cuenta una cosa. No soy tan bueno como él, pues era un artista". Lincoln era muy especial cuando trataban de humillarlo.

En sus años de juventud, Lincoln era muy inclinado a escribir artículos sarcásticos, burlones, humillantes, tanto en periódicos locales como en pasquines y cartas anónimas. En una ocasión escribió de manera anónima una carta de burla, dirigida a un político Irlandés, James Shields, lo que provocó que el pueblo estallara en carcajadas. Shields luego descubrió quién escribió la carta y desafió a Lincoln a un duelo, el cual, por honor, tuvo que aceptar. Minutos antes del duelo y por la intervención de los padrinos, el mismo fue suspendido.

Indudablemente que esta lección le sirvió a Lincoln para comprender, madurar y hacer conciencia que no iba por el camino correcto, que es preferible una gota de miel que un galón de hiel.

La importancia del ahorro
24 diciembre, 2015

Esta época de Navidad es propicia para reflexionar sobre múltiples aspectos de la vida, entre los cuales está el relativo a la organización financiera personal, el cual, cuando se maneja mal, puede afectar de manera negativa nuestro futuro y el de nuestra familia.

Todo aquel que se interese por crear un régimen personal de organización financiera, es fundamental que se inicie leyendo el libro de George S. Clason: "El hombre más rico de Babilonia", el cual muestra la clave para adquirir, mantener y reproducir dinero, empleando parábolas e historias babilónicas que muestran cómo la antigua civilización logró acumular riquezas y un desarrollo sin comparación para la época.

Este libro nos trata de educar de manera genial en cómo tener la capacidad de ahorrar un mínimo de un 10% de lo que ganamos; y, al mismo tiempo teniendo la visión de invertir ese ahorro en una actividad que produzca mayores ganancias financieras. Ahorrar no para gastar en algo improductivo, sino en una operación productiva y activa.

Luego George Hill escribió "El hombre más rico de Babilonia para nuestra época ". En esta obra Hill, aunque conserva el espíritu y los excelentes consejos del texto anterior, agrega nuevos caminos sobre cómo invertir y hacer dinero usando un lenguaje actualizado, presentando historias modernas, con mayor relevancia para nuestros días.

Estas dos obras son importantes para empezar a crear conciencia sobre la necesidad del ahorro, pues con un lenguaje simple y múltiples ejemplos, nos van enseñando que cuando se tiene visión y se actúa con firmeza, disciplina y planificación, es perfectamente posible lograr las metas que establezcamos en relación a la organización financiera.

Mi experiencia me dice que lo fundamental para el crecimiento económico es tener los pies sobre la tierra, vivir de acuerdo a las posibilidades reales, nunca gastando más de lo que producimos, organizando un presupuesto personal financiero, en el que nunca podemos excedernos en los gastos en relación a nuestras entradas.

Para lograr esta situación, simplemente debemos vivir mirando hacia el interior, sin dejarnos arrastrar por la cháchara social, por el consumismo superfluo y la vida superficial, haciendo sólo lo que nuestra realidad nos permite hacer, viviendo la vida a nuestra manera, siendo auténticos y teniendo criterio propio. Disfrutando al máximo la vida, pero sin excesos ni vanidad.

Alejandro Dumas decía: " No estimes el dinero en más ni menos de lo que vale, porque es un buen siervo y un mal amo".

Mi consejo en esta Navidad es el de hacer conciencia sobre la importancia del ahorro, para vivir de una manera más organizada y disfrutar la vida con mayor plenitud.

La felicidad está en tu interior
21 febrero, 2017

Mientras leía el libro de Osho: GOZAR, AMAR, VIVIR; me encontré con un relato que me pareció muy interesante, por lo que decidí compartirlo con ustedes. El título del relato es :" El hombre que buscaba la felicidad". Dejemos que sea su autor que trasfiera su relato.

«Yo conocí a una persona que siempre se estaba quejando, siempre de mal humor. Todo le parecía mal; era un crítico nato. Pero los críticos sufren y él también, sufría porque hacía demasiado frío o llovía demasiado o no llovía en absoluto. En todas las temporadas a lo largo de todo el año, sufría. Una mente negativa, y siempre buscando ser feliz, haciendo un esfuerzo por estar contento y satisfecho. Pero nunca he visto un hombre tan descontento como él; era la personificación misma del sufrimiento y el descontento. En sus ojos no había más que descontento. En su rostro se veían arrugas de tensión y descontento; todas las quejas de toda la vida se reflejaban en su rostro."

"Pero un día de repente cambió. Las personas que lo veían no podían creerlo; había cambiado de repente, de la noche a la mañana. Fui a su casa a preguntar, pues era una revolución. A lo largo de los años este hombre se había entrenado a sí mismo para estar descontento. ¿Había ocurrido un milagro? Parecía radiante de felicidad; le pregunté. ¿Qué le ha ocurrido? Me respondió: "¡Basta ya! A lo largo de los años intenté ser feliz y no lo logré; así que anoche me decidí:

"Olvídalo, no te preocupes por ser feliz, simplemente vive la vida". Y aquí estoy, feliz".

El ser humano se vive preguntando: ¿Soy feliz? ¿Qué es la felicidad? Desde mi punto de vista y experiencia, entiendo que la felicidad es algo encausado, no tiene causa, simplemente se manifiesta en cualquier momento, es un estado de satisfacción, tranquilidad y paz interior, que puede ocurrir en cualquier situación, sin explicación alguna.

La felicidad no viene del exterior, esos son momentos de gozo, de placer, pero no tiene nada que ver con la felicidad. Eres feliz porque sí, sin razón aparente, realizando cosas simples de la vida, como observar un atardecer, compartir con un ser querido o simplemente caminando en un parque, leyendo un libro, oyendo música, estando en silencio, saboreando la belleza de un estado de soledad y tranquilidad.

Como nos dice el relato, dejemos de buscar la felicidad en cosas externas, porque la felicidad está en nuestro interior, somos felices por naturaleza, pero debemos permitir que fluya por sí misma, produciendo esos momentos de paz, tranquilidad y amor. Para esto es necesario recordar que debemos vivir el ahora, el presente, cada día como si fuera el último. Olvidándonos del pasado y de proyectar el futuro, porque la vida es en este instante. LA FELICIDAD ESTÁ EN TU INTERIOR.

La depresión: La enfermedad del siglo XXI
19 mayo, 2015

Según la Organización Mundial de la Salud (OMS), en el mundo hay diagnosticadas alrededor de 350 millones de personas que sufren depresión, estableciendo que entre el 35 y el 50% nunca son diagnosticados. El informe de la OMS da cuenta que esta enfermedad constituye la principal causa de discapacidad mundial, provocando la muerte de las dos terceras partes de todos los suicidios, que alcanzan los mil millones de fallecimientos anuales.

También sostiene la OMS en su último informe, que 20 millones de personas intentan suicidarse todos los años, las cuales quedan con lesiones e incapacidades, ocurriendo, la mayor cantidad, en los países industrializados, especialmente en Europa Oriental, donde el promedio es de más de 30 por cada 100 mil habitantes, siendo la República Dominicana uno de los país con más bajo nivel, con 3 por cada 100 mil habitantes.

Cada 40 segundos ocurre un suicidio en el mundo, esperándose que en el 2020 ocurran cada 20 segundos, siendo la depresión la causa principal de estas muertes, por lo que ya se le ha llamado la enfermedad del siglo XX1. Vamos a tomar la definición que sobre la depresión nos da la Organización de las Naciones Unidas (ONU), por considerarla una de las más completas.

"La depresión es un estado mental frecuente, que se caracteriza por la presencia de tristeza, pérdida de interés o placer, así como por sentimientos de culpa, falta de apetito, sensación de cansancio y falta de concentración. Desapego a la vida, pérdida de ilusión y por un desinterés total por el resto del mundo".

Existen varias categorías de depresión, las que resumiremos en dos grandes grupos; las depresiones exógenas o externas y las endógenas o internas.

Las depresiones exógenas son producidas por acontecimientos específicos que ocurren en la vida de una persona, como la muerte de un familiar cercano, un amigo muy querido, por un divorcio o separación sentimental, por problemas laborales, económicos, enfermedad, dependencia por incapacidad física, por homicidios, depresión pos-parto, etc. Lo más efectivo para este tipo de depresión son las terapias, hasta lograr que la persona logre sacar sus traumas, dolor y resentimientos.

La depresión endógena es más complicada y difícil de diagnosticar, pues nace del interior, sin causas aparentes, sin una justificación comprensible, estableciéndose que su origen es biológico, por desequilibrios químicos y genéticos. A diferencia de la exógena, que es por una causa notable, que baja los niveles de serotonina en el cerebro, la endógena surge por los niveles reducidos de serotonina, la cual es la hormona que controla el estado de ánimo, el sueño, impulso sexual, el apetito y el dolor.

Entiendo que muchos de los que lean este artículo se preguntarán la razón de por qué se produce una baja del nivel de serotonina en el cerebro que provoca una depresión sin causas aparentes, que pueden llevar a una persona a tener graves sufrimientos, los pueden conducirlo hasta el suicidio.

El manejo inadecuado del estrés es la principal causa de producir deficiencia de serotonina, lo cual, además, puede afectar el sistema cardiovascular, los músculos y el sistema endocrino.

El estrés en estado normal es beneficioso, pues las células utilizan el 90 % de su energía para reparar, renovar y formar nuevos tejidos, pero cuando el éste se dispara, el cerebro envía señales a las glándulas adrenales para que liberen cortisol, lo cual hace que el organismo libere glucosa en la sangre para enviar energía a los músculos. Si el estrés es muy prolongado, se dispararán niveles de cortisol, que al ser el único proveedor de glucosa del cerebro, la buscará donde sea, aunque tenga que destruir tejidos, proteínas, músculos o ácidos grasos.

Indiscutiblemente que la depresión y el estrés están íntimamente vinculados; la acumulación de estrés es como una bomba de tiempo, que puede estallar en cualquier momento, provocando ansiedad, depresión, angustia, crisis de pánico y enfermedades sico-somáticas. La mejor medicina para enfrentar esta enfermedad del siglo XX1, es llevando un estilo de vida lo más sano posible, desprendiéndonos de pensamientos y sentimientos negativos, viendo el mundo desde una óptica positiva, no juzgando al prójimo y actuando con amor y solidaridad hacia los demás.

El ser humano, la felicidad y el éxito
17 octubre, 2013

Estaba leyendo un libro de Robin Maugham titulado "Conversaciones con Willie", en el cual el autor narra encuentros y conversaciones con su tío Somerset Maugham, de cuyo contenido entendí oportuno compartir algunos fragmentos que, indiscutiblemente, encierran un mensaje sobre lo que significa la felicidad y el éxito, que pone a cualquiera a valorar las cosas desde otra óptica o perspectiva. Lo primero es saber quién fue Somerset Maugham, que nació en 1874 y murió en 1965 en Inglaterra. Fue novelista, dramaturgo, ensayista, cuentista, espía, etc., habiendo escrito, a los 60 años, más de 100 historias cortas y 21 novelas, piezas teatrales, biografías, libros de viajes y ensayos, por lo que en 1930 fue considerado el escritor más exitoso y rico del mundo. A los 91 años y teniendo mucho tiempo sin escribir un libro, recibía millones de dólares, sólo por derecho de autor, por lo que, sin lugar a dudas, se podría considerar una persona de éxito indiscutible. En ese momento sus obras se mantenían en la cúspide, como "La esposa constante", "Servidumbre humana", "La luna y seis peniques", "El filo de la navaja" y otras. A pesar de todo esto, su sobrino Robin nos dice en su obra que era el hombre más triste del mundo. Para expresar mejor el mensaje, voy a transcribir, como lo hace Osho en su libro sobre el ego, un fragmento tal y como lo expone Robin en su libro "Conversando con Willie". "¿Cuál es el recuerdo más bonito de tu vida?", le pregunta Robin. "No se me ocurre ninguno", contestó. Miré a mi alrededor-dice el sobrino-, el salón con el mobiliario inmensamente valioso, los cuadros y los objetos de arte que su éxito le había permitido adquirir. Su casa y el maravilloso jardín-en un enclave prodigioso a orillas del mediterráneo- estaban valorados en seiscientas mil libras. Tenía once personas a su servicio, pero no era feliz. "Al día siguiente, mientras leía la biblia, dijo: 'He encontrado la cita: ¿De qué le sirve a un hombre ganar el mundo si pierde su alma? Entrecruzó y separó las manos con desesperación y añadió: "Querido Robin, he de decirte que ese texto estaba colgado enfrente de mi cama cuando yo era pequeño".

Después lo llevé a dar un paseo por el jardín y dijo: " Verás. Cuando me muera me lo quitarán todo, los árboles, la casa, hasta el último mueble. No podré llevarme ni una mesa". Y se echó a temblar muy triste. "Guardó silencio un rato mientras paseábamos por un naranjal y dijo: He sido un fracasado durante toda mi vida". Intenté animarlo. "Eres el escritor vivo más famoso. ¿Eso significará algo?, preguntó. "Ojalá jamás hubiera escrito una sola palabra, -contestó-. ¿De qué me ha servido? Mi vida ha sido un fracaso, y ahora es demasiado tarde para cambiar. Demasiado tarde". Y al pronunciar estas palabras, nos narra Robin, que se les llenaron los ojos de lágrimas. Este testimonio de uno de los escritores más famosos, rico y "exitoso" de todos los tiempos, lo que nos demuestra es que para ser una persona de éxito no basta con obtener fama, dinero, poder, posiciones materiales, etc., sino, como dice Osho, "disfrutar cada momento de la vida con alegría, como una fiesta; disfrutar las pequeñas cosas, como darte un baño, tomar café, barrer el suelo, pasear por el jardín, plantar árboles, hablar con un amigo, mirar la luna, escuchar el canto de los pájaros o, simplemente, estar en silencio con la persona amada". Es mucho lo que se dice sobre el éxito y la felicidad; cada quien tendrá su interpretación, lo cual debemos aceptar, pero al margen de cualquier consideración, entiendo que la enseñanza que nos brinda la vida de Somerset Maugham, es digna de observar en su justa dimensión.

El lado positivo del fracaso
1 enero, 2016

"Si uno teme todo el tiempo fracasar, ha focalizado su atención en la dirección equivocada. Hay que cambiar ese punto de vista y dirigir la mirada hacia el éxito, considerando el fracaso no como un obstáculo, sino como parte del camino".

En su famoso libro "El lado positivo del fracaso", John C. Maxwell nos dice que en la vida no es importante saber si tendremos problemas, sino, si tendremos la capacidad para hacerles frente y de superarlos. En esta obra Maxwell nos presenta los criterios que nos permitirán cambiar nuestra percepción de la vida, para convertirnos en auténticos triunfadores, por lo que nos dice: "El fracaso es la oportunidad de comenzar de nuevo más inteligente".

El escritor del libro de superación personal más vendido y traducido a más idiomas de todos los tiempos, Napoleón Hill, nos dice lo siguiente: "Cada adversidad, cada fracaso y cada angustia llevan consigo la semilla de un beneficio equivalente o mayor". Winston Churchill estableció:" El éxito no es definitivo, el fracaso no es fatídico, lo que cuenta es el valor para continuar". Por eso, al preguntársele a Churchill en una ocasión su parecer ante el éxito, dijo lo siguiente:" El éxito es ir de fracaso en fracaso sin desesperarse".

Winston Churchill ha sido uno de los más grandes estadistas de todos los tiempos, por lo que es mucho lo que podemos aprender de su sabiduría; con su humor característico dijo en una situación: "A menudo me he tenido que comer mis palabras y he descubierto que eran una dieta equilibrada". Otras de sus sabias frases son en la que dice que: "La principal diferencia entre la gente que alcanza metas y la gente promedio, es su percepción y respuesta al fracaso".

Este artículo decidí escribirlo hoy, 31 de diciembre, después de experimentar algunos eventos, que de no estar identificados con estos criterios de Maxwell, Napoleón Hill, Churchill y otros sabios del pensamiento positivo, lo más probable es que me hubieran producido una baja en la autoestima y, como consecuencia, un predominio momentáneo de pensamientos negativos.

El miércoles 23 salí con mi familia para Rio San Juan, como siempre, a pasar las navidades y compartir esas festividades con algunas copas en compañía de amigos y vinculados. El mismo día que llegué fui afectado por un fuerte virus gripal que me obligó al reposo y aislamiento. El domingo 27, de regreso, ya en recuperación, me detengo en una parada a la llegada a las Américas, donde, haciendo una excepción, decido comer un salmón, el cual, por casualidad, estaba aciguatado.

Enfrento la nueva situación de salud y el miércoles 30, antes de salir hacia un hotel con la familia, recibo la triste noticia de parte de una amiga muy querida, de que a su madre le acababan de detectar un cáncer. La vida continúa, y al llegar al hotel empiezo a sentirme un poco indispuesto; a las pocas horas estaba con un fuerte problema gastrointestinal, el cual, por mi experiencia empírica en la rama de la medicina, logro diagnosticar como una amebiasis, la que pude controlar y volver el 31 a la normalidad.

En verdad puedo decirles que el hecho de haber cambiado mi visión de la vida, me permitió aplicar las enseñanzas de ver el lado positivo del fracaso.

Capítulo III
Condiciones especiales de la mente

DMS V: Una nueva visión sobre el autismo y el Asperger (1 DE 4)
10 abril, 2017

Las últimas decisiones del Manual de Diagnóstico y Estadístico de los trastornos mentales de la Asociación Americana de Psiquiatría (El Diagnostis and Statiscal Manual Of Mental Disurders) DSM-V, publicados en mayo del 2013, establecen una serie de avances científicos en relación al DSM-IV publicado en el 1994, en lo relativo al autismo, el asperger y otros trastornos de la conducta.

En el DSM-V se incluye al autismo dentro del "Trastorno del Neurodesarrollo", abandonando el criterio del DSM-IV, que lo establecía como un Trastorno General del Desarrollo (TGD). Al mismo tiempo pasa a crear el Trastorno del Espectro Autista (TEA), desapareciendo los sub tipos de autismo: Síndrome de Asperger, síndrome de Rett, trastorno desintegrativo de la infancia y trastorno no generalizado del desarrollo no especificado.

A partir del DSM-V, que se crea el Trastorno del Espectro Autista (TEA), desaparece el trastorno de Rett y pasan a formar parte de este amplio espectro el trastorno autista, el trastorno de asperger, el trastorno desintegrativo de la Infancia y el trastorno no generalizado del desarrollo no especificado.

Entre las decisiones más importantes del DSM-V está una nueva clasificación para diagnosticar el TEA, que consiste en reducir a dos los síntomas, ya que en el DSM-IV se establecían tres síntomas, que eran una deficiencia en la reprocidad social, una deficiencia en el lenguaje y la comunicación y un repertorio de intereses y actividades restringidas y repetitivas.

En el DSM-V sólo se establecen dos categorías: Deficiencia en la comunicación social(los problemas sociales y de comunicación se combinan) y comportamientos restringidos y repetitivos. En esta nueva clasificación del DSM-V las deficiencias o retraso en el lenguaje ya no se incluyen en esta categoría de síntomas. También el síntoma clínico "sensibilidad inusual a los estímulos sensoriales" que no aparecían en el DSM IV, se incorporan a la categoría repetitivos.

Otro cambio importante en el DSM-V es que crea "el trastorno de la comunicación" como un trastorno independiente del TEA, el cual se caracteriza por una " deficiencia pragmática", así como una dificultad de utilización social de comunicación verbal y no verbal, la cual no se puede explicar por una baja capacidad cognitiva, incluyendo respuestas inadecuadas a la comunicación.

Otro cambio importante en el criterio del DSM-IV es que éste establecía que los síntomas del autismo debían aparecer antes de los 36 meses de edad. En el DSM-V se establece que los síntomas deben estar presentes desde la infancia temprana, aunque pueden no manifestarse plenamente hasta que la limitación de las capacidades impida la respuesta a las exigencias sociales, lo cual podría, desde mi punto de vista, provocar diagnósticos a autistas de alto funcionamiento, como si fueran asperger, aunque cuando estos diagnósticos se confunden, según los científicos en el área de la Psiquiatría, siempre prevalecerá el diagnóstico de Síndrome de Asperger.

Es indudable que esta nueva clasificación del DSM es una verdadera revolución en el área de los problemas conductuales, produciendo cambios que tardarán muchos años en ser entendidos y asimilados hasta por muchos profesionales de la psiquiatría. Es indudable que el Autismo y el Asperger son un gran reto para los profesionales del área, ya que cada día se hace más perentorio su dominio, para contribuir con los padres de personas que ahora están dentro del TEA.

El autismo clásico, el autismo de alto funcionamiento, el asperger con sus fenotipos, que lo hacen ser leve, moderado y grave y ahora con el trastorno de la comunicación, se complican más las cosas, ya que esta nueva clasificación del TEA ha dejado a muchos autistas fuera del espectro, que no podrán recibir el apoyo, seguimiento y la ayuda requerida.

El asperger tiene características propias que lo diferencian del autista, ya que no tiene problemas en el lenguaje, hablando con cierta normalidad desde pequeño y al mismo tiempo teniendo un nivel de inteligencia que va desde lo normal hasta por encima del promedio. En cambio, el autista clásico tiene problemas con el lenguaje y aquellos que tienen una inteligencia promedio, considerados como autistas de alto funcionamiento, en muy raras ocasiones podrían llegar al nivel intelectual y tener el CI de un asperger con rasgos normales.

Pero, como este es un tema un poco complicado, voy a escribir un próximo artículo con las características básicas del autista y el asperger, tratando de hacerlo menos técnico, para aportar lo más posible, para que cada día sean más las personas que se motiven a integrarse a esta causa, que tanto afecta a la familia y, sobre todo, a esos niños, generalmente incomprendidos por la sociedad y por los centros académicos.

DMS V: Una nueva visión sobre el autismo y el asperger (2 de 4)

1 mayo, 2017

Como establecimos en nuestra entrega anterior, el DMS-V: Manual de Diagnósticos y Estadísticos de los Trastornos Mentales de la Asociación Americana de Psiquiatría (Diagnostis and Statiscal Manual of Mental Disorders), publicado en mayo del 2013, entre las decisiones que adoptó fue la de crear el Trastorno del Espectro Autista (TEA). Con esta decisión el DMS-V engloba el autismo, asperger y otros trastornos en una sola clasificación y reduce los síntomas a dos: deficiencia en la socialización e intereses restringidos y repetitivos.

Desde mi humilde punto de vista, no comparto esta decisión del DMS-V, ya que unifica al autista con el asperger, como si fueran una misma situación. El Síndrome de Asperger desaparece como un trastorno independiente y pasa a ser parte del autismo, lo que entiendo es un error, porque aunque tienen características comunes, también tienen grandes diferencias.

En realidad los asperger, como se etiquetan a las personas con dificultades para socializar y con intereses restringidos y obsesivos, también tienen grandes similitudes con las personas con temperamento introvertido y con los neuróticos con tendencia a la obsesión y el perfeccionismo. Inclusive, según mis propias investigaciones, los llamados asperger tienen más en común con estos últimos que con los autistas clásicos, e inclusive con los de alto funcionamiento.

En su libro "El poder de los introvertidos", Susan Cain, que es una abogada norteamericana, nos narra cómo ella siendo una persona introvertida, pudo convertirse en una representante de una gran compañía y de entidades bancarias, por su capacidad y determinación para dirigir negociaciones de todos los niveles. En su libro, Susan Cain nos define los introvertidos como personas cautivados por el mundo interior del pensamiento y los sentimientos, que pueden sentirse bien con estímulos menores, como beber vino con un amigo, resolver un crucigrama o leer un libro.

Susan nos dice en su magistral obra, que los introvertidos actúan con frecuencia de forma lenta y deliberada, prefiriendo centrarse en una sola tarea, siendo relativamente inmunes a los encantos de la riqueza y la fama. "Los introvertidos pueden tener bien desarrollada las habilidades sociales y saber disfrutar de las fiestas y reuniones de trabajo, aunque tras un rato, desean estar en casa. Prefieren dedicar su energía a los amigos más íntimos, los colegas y la familia".

Según esta escritora norteamericana, los introvertidos escuchan más que hablan, piensan antes de abrir la boca y a menudo sienten que se expresan mejor por escrito que en una conversación, prefiriendo entornos que no estén excesivamente cargados de estímulos.

El temperamento introvertido lo cual considero algo genético, ya que el carácter y la personalidad son adquiridos en la sociedad, siendo impuestos desde el exterior, y es lo que llamamos el otro yo, el Ego. El introvertido viene al mundo genéticamente con esa forma de ver la vida, lo cual coincide con una de las condiciones que la DMS establece para el asperger. El introvertido y asperger buscan la socialización, les gusta ser sociales, aunque tienen alguna dificultad para ello.

El introvertido y el asperger en este punto no tienen ninguna diferencia, son sociables, aunque tengan alguna dificultad para lograrlo. Al no tener ese temperamento apacible, tranquilo y callado, pueden lograr una socialización de más calidad y, sobre todo, cuando logran hacer consciencia de esta limitación, pueden convertirse en grandes emprendedores, gerentes, líderes, escritores, etc.

Para llegar a una conclusión positiva sobre el tema y después de referirme al introvertido y el asperger, voy a tratar de enfocar la relación del neurotípico o persona "normal" con el asperger en cuanto a sus similitudes, para luego concluir con mi tesis sobre la diferencia del asperger con el autismo y, por tanto, mi crítica con los criterios de la DMS-V. en relación al Trastorno del Espectro Autista (TEA).

El DSM-V: Una nueva visión sobre el autismo y el asperger (3 de 4)
3 mayo, 2017

En nuestra entrega anterior tratamos de aclarar que las similitudes entre una persona introvertida y otra diagnosticada con asperger, están en la parte temperamental, lo que nos lleva a la conclusión de que esas coincidencias son hereditarias, genéticas, sin tener nada que ver con el medio externo social.

Ahora trataré de hacer una comparación con el asperger y el ser humano con una personalidad obsesiva, lo cual ya no es en la parte del temperamento, sino en el carácter y la personalidad, lo que tiene que ver con la parte adquirida del medio social, con el mundo externo, con la sociedad.

Antes de entrar en el desarrollo de esta parte, entiendo necesario aclarar el carácter de dos trastornos de la personalidad, los cuales guardan algunas coincidencias con los asperger y con profundas diferencias de comportamiento; me refiero al Trastorno Obsesivo Compulsivo (TOC) y al trastorno esquizoide de la personalidad.

El Trastorno Obsesivo Compulsivo es definido como "un trastorno de ansiedad, caracterizado por pensamientos intrusivos, recurrentes y persistentes, que producen inquietud, aprensión, temor o preocupación, además de conductas repetitivas denominadas compulsiones". La OMS la ubica entre las 5 enfermedades psiquiátricas más comunes, siendo una gran causa de incapacidad laboral temporal o permanente.

El trastorno esquizoide de la personalidad. Según el diagnóstico de la DSM, las personas con este trastorno tienen un patrón general de distanciamiento de las relaciones sociales y de restricción de la expresión emocional en el plano interpersonal, que comienza a principio de la edad adulta. Según la DSM, estas personas no disfrutan de las relaciones personales, incluido el formar parte de una familia, por lo que casi siempre escogen actividades solitarias.

No muestran interés en tener experiencias sexuales, siendo indiferentes a los halagos y críticas de los demás, mostrando gran frialdad emocional. Son vistas como personas distantes, frías e indiferentes, aunque las personas con este trastorno no tienen su capacidad afectada para expresarse o comunicarse eficazmente con otros, diferenciándose en esta parte del autismo. Los esquizoides en algún momento pueden experimentar episodios de trastorno psicótico leve.

Después de definidos brevemente estos dos trastornos, podemos colegir que son muy diferentes de lo que es la personalidad obsesiva, aunque tengan rasgos comunes. En principio quiero establecer que personalidad proviene del término "persona", denominación que utilizaban los griegos para las máscaras que usaban los actores de teatro en la antigüedad. La personalidad viene siendo el conjunto de ideas, conocimientos, hábitos, costumbres y cultura en sentido general que la sociedad con todos sus mecanismos va introduciendo en nuestra mente, programándonos de una manera tal, que como decían los griegos en la antigüedad, lo que tenemos en el rostro es una máscara encima de otras mascaras. (EGO).

La personalidad obsesiva es un reflejo del condicionamiento social, que lleva a esas personas a obsesionarse de una manera tal, que se convierten en repetitivas, perfeccionistas, adictas al control, con tendencia a buscar aceptación y buena valoración por sus actos, ya que entienden que siempre deben salir victoriosas de todo lo que emprenden. Tienden al pesimismo obsesivo, que consiste en un estado que nace de saber que algo puede salir mal, de los peligros que pueden existir;, por lo que se debe resolver en el instante para que no haya complicaciones.

Sin lugar a dudas, entre el asperger y las personas obsesivas existe una gran similitud, podríamos decir que en la parte de la obsesión e intereses restringidos, es lo mismo. La diferencia está en que el asperger tiene un temperamento con dificultad para la socialización, mientras que el obsesivo es un neurótico que socializa sin dificultad, siendo en muchos casos un extrovertido natural.

El asperger tiene en común con el introvertido un temperamento que le dificulta la socialización y con el obsesivo tiene en común una personalidad adquirida del medio social, que los lleva a tener intereses restringidos y repetitivos. De ahí que, según mi punto de vista, a los asperger podríamos denominarlos seres humanos con una condición, característica y forma de ser especial, que se manifiesta en la vida actuando como un introvertido, con tendencia a la obsesividad.

En la próxima entrega trataré de concluir, haciendo una comparación entre el asperger y el autista, para dejar definido mi criterio de que el asperger es una condición y el autismo un trastorno, lo que contradice la conclusión a que llegaron los científicos de la psiquiatría en el DSM-V, colocando a ambos, asperger y autismo, como parte del Trastorno del Espectro Autista (TEA).

DSM V: Una nueva visión sobre el autismo y el asperger (4 de 4)

6 mayo, 2017

El Manual de Diagnóstico y Estadístico de los Trastornos Mentales de la Asociación Americana de Psiquiatría -DSM-, en su última edición en el 2013, adoptó una serie de medidas que reclasifican las enfermedades mentales. Entre las decisiones asumidas por el DSM-V, están la de considerar al autismo como un "Trastorno del Neurodesarrollo", eliminar el criterio de que los síntomas del autismo debían de aparecer antes de los 36 meses, considerar la dificultad en la comunicación propia de los autistas, como un Trastorno propio, llamado Trastorno de la Comunicación y sobre todo y el más importante desde mi óptica, el de eliminar el autismo, asperger, trastorno desintegrativo de la infancia y el trastorno no generalizado del desarrollo no especificado, como trastornos independientes y englobarlos en lo que definieron como el Trastorno del Espectro Autista -TEA-.

El DSM es la entidad con mayor autoridad mundial para manejar todo lo relativo a enfermedades mentales. En el 1952 emitió su primera edición, en la que estableció la existencia de 106 trastornos especificados y ninguno no especificado; en el 1968, en su segunda edición, estableció la existencia de 121 trastornos especificados y 16 no especificados; en el 1980, 151 especificados y 31 no especificados; en el 1987, 167 especificados y 37 no especificados; en el 1994, 171 especificados y 49 no especificados y, finalmente, en el 2013 establece 143 trastornos especificados y 73 no especificados.

Esta clasificación del DSM-V ha traído grandes polémicas, sobre todo por la creación del Trastorno del Espectro Autista.

Por esta decisión, el equipo que trabajó para llegar a estas conclusiones y nueva clasificación, determinados sectores ligados a la psiquiatría lo han considerado sesgado por intereses, ya que casi un 100% de ese equipo del DSM está vinculado a compañías farmacéuticas.

En verdad no me considero una persona versada en el área para juzgar a nadie y menos a científicos de la psiquiatría, pero, desde mi humilde visión, experiencia vivida y vínculos familiares con personas que estarían dentro de lo que ahora denominan Trastorno del Espectro Autista, considero que el DSM-V incurrió en un error de fondo, que más que ayudar a las personas con esa condición, contribuyen con esta nueva clasificación a crear confusiones que no aportan nada positivo para el manejo y tratamiento de estos casos. Veamos los argumentos que puedo exponer:

Desde mi punto de vista, nadie es igual; todos somos diferentes, tanto en lo genético como en lo adquirido por la sociedad, por lo que el autista, asperger, persona con cualquier trastorno, así como el neurótipico(persona normal), son únicos e irrepetibles. En todos los casos existirán unos más inteligentes que otros, algunos con características más pronunciadas en áreas determinadas. etc, por lo que el autista es autista y el asperger es asperger, cada cual con su característica particular.

Entiendo que no es correcto englobar al autista y el asperger en un mismo espectro, sencillamente por las siguientes diferencias que definen a uno y a otro, enfoque que siempre haré en sentido general, sin partir de niveles : Veamos. El autista tiene retraso mental, leve o severo, mientras el asperger tiene un CI medio o por encima de lo normal. El autista tiene dificultad en la comunicación verbal, mientras que el asperger habla con normalidad. El autista normalmente es medicado, mientras que el asperger no necesita ser medicado por su condición, podría ser por algo colateral, como ansiedad o depresión, como también lo podrían ser los neurótipicos. Por último, y para mí la diferencia más determinante, es que al autista no le interesa socializar, prefiriendo vivir en su mundo, mientras que el asperger quiere socializar, le gusta socializar, pero tiene dificultades para ello.

Es indudable que el asperger puede tener una serie de fenotipos que acompañen su condición, como son dificultad para expresar los sentimientos, inconvenientes para adaptarse a los cambios, cierta tendencia a la frustración y posterior depresión por decepciones en las relaciones sociales. Puede tener torpeza en la motora fina y un espíritu competitivo en extremo, por entender que debe ganar en todo lo que emprende.

Por eso considero que el asperger es una condición genética que se conforma con situaciones adquiridas en la sociedad, principalmente de hogares sobreprotectores y muy controladores. He llegado a la conclusión que en el mundo circulan millones de asperger sin saber que tienen esa condición, etiquetados, estigmatizados y rechazados muchas veces por ser considerados personas raras, problemáticas y diferentes.

De ahí la importancia del diagnóstico a tiempo de un asperger, porque aunque puede sobrevivir en la sociedad, no es lo mismo cuando se conoce su condición, para el manejo en la escolaridad y en su relación social y, sobre todo, de pareja y familiar. Claro, que el grado de inteligencia será determinante para su inserción en la sociedad, pero aun así, es importante que un profesional del área le dé seguimiento, para evitar complicaciones que pueden degenerar en ataques de pánico, depresiones continuas y, en el peor de los casos, en el suicidio.

Por lo que, mi recomendación final, es que si usted observa en su familia a una persona normal, que habla, juega y actúa como un neurótipico, pero que tiene dificultad para socializar, que es obsesivo y que los cambios le afectan su estado de ánimo, lo mejor es que acuda a un profesional del área, para darle seguimiento y evitar futuras complicaciones.

El Trastorno de la Personalidad Narcisista
4 octubre, 2015

Cuando escuchamos que a alguien le dicen narcisista, automáticamente lo asociamos con alguien que se gusta a sí mismo, pero no es tan sencillo, ya que el narcisismo es una condición llamada trastorno narcisista de la personalidad. Esta condición es en honor a un joven griego llamado Narciso, el cual era considerado tan hermoso, que todas las mujeres de su época enloquecían ante sus atributos físicos.

Según la leyenda griega, una hermosa mujer de nombre Eco se enamoró perdidamente de Narciso, quien la rechazó y humilló ya que ésta, por una maldición de la diosa Hera, sólo podía repetir la última palabra de la persona que le hablaba. Al sentirse rechazada por Narciso, Eco se refugia en una cueva y muere en condiciones muy penosas, lo que hace que Némesis, la diosa de la venganza, impulse a que Narciso vaya a un lago donde, al ver su propia imagen, se enamora de ella, lanzándose a éste y muriendo ahogado.

Hay varios tipos de narcisistas, pero todos tienen por denominador común la vanidad y egocentrismo, queriendo mantener una imagen auto-construida de grandeza y superioridad, por lo que aceptan con dificultad cualquier crítica u opinión diferente de la suya, necesitando a todas horas ser observados y tener el protagonismo.

El narcisista tiene un desorden de la personalidad tan complejo que a veces resulta tóxico para el resto, asumiendo un sentimiento de grandiosidad que lo lleva a asignar extrema importancia a todo lo que hace, exagerando logros y talentos. Es probable que siempre quiera hacer algo para llamar la atención, como exaltar sus atributos y destacar sus actividades.

El narcisista tiene muy poca tolerancia a la frustración, y en muchos casos una visión utilitaria de las personas, extrema, conocida como "todo o nada". A la vez tiene mucha dificultad para manejar sentimientos de tristeza, angustia, vulnerabilidad y carencia de afectos. Un rasgo común en las personas con esta condición es creer que nunca pueden equivocarse y, quien difiere de ellos, es porque le tiene envidia.

Generalmente esa personalidad narcisista nace como respuesta a grandes daños originados en su infancia, como maltrato de los padres, separación, abandono, lo que los hace terminar desarrollando una ilusión superior de sí mismo, pero en realidad sienten un gran temor a juicios externos y a ser desaprobados.

Un narcisista puede funcionar bien en sociedad, incluso brillar gracias a su sentido de superioridad, pero, tal como Narciso, pueden terminar ahogándose en su propio espejo de agua. En realidad estos desórdenes de la personalidad no tienen cura, ya que no son una enfermedad, sino una condición, aunque pueden manejarse con psicoterapia y medicamentos específicos. Claro, que el primer paso para controlar este trastorno es comenzando por reconocerlo y hacer consciencia de ello, con humildad y sin histrionismo.

El narcisista tiene la particularidad que a veces lo oculta y finge tener la disposición de superarlo, manipulando inclusive al mismo psiquiatra. Sólo cuando hay una real actitud de controlarlo, observando y haciendo conciencia del nivel del egocentrismo, haciéndolo con grandeza y humildad, solo así, ese desorden de la personalidad pasa a ser inofensivo, tratable y manejable.

Concluyo este artículo dejando en el escenario la pregunta: ¿Eres tú narcisista?

Trastorno de identidad disociativo
22 noviembre, 2015

El Manual diagnóstico y estadístico de los trastornos mentales (DSM), define el Trastorno de Identidad Disociativo o Síndrome de Identidad Múltiple, que anteriormente era llamado Trastorno de la Personalidad Múltiple, como la existencia de f dos o más personalidades en un individuo, cada una con su propio patrón de percibir y actuar con el ambiente.

Este trastorno a menudo es confundido con otros trastornos psiquiátricos, como la ansiedad, alteraciones de la personalidad, esquizofrenia o epilepsia. La mayoría de personas con esta condición sufre de depresión, fobias, ataques de pánico, alteraciones del apetito y síntomas que simulan enfermedades físicas.

Además, pueden abusar del alcohol y las drogas; pero lo que más lo distingue es su preocupación por el tema del control, tanto de ellos mismos como de los demás, convirtiéndose ese afán por controlarlo todo en una actitud enfermiza.

Las personas con el Trastorno de Identidad Disociativo por lo general son arbitrarias, represivas, perseguidoras y en extremo controladoras en el hogar, con la pareja, hijos u otras personas o familiares que vivan con ellos, presentándose hacia el exterior como víctimas e incomprendidas, lo que generalmente conlleva a que los demás culpen a sus familiares y los condenen por el infierno familiar que siempre ellos mismos matizan.

Esa múltiple personalidad le permite convertirse en actores, melodramáticos y mitómanos, logrando engañar a todo su entorno, pero nunca a los que conviven con ellos, que casi siempre se ven imposibilitados de conversar sobre esa situación, pues para los demás, ellos son los que provocan el caos familiar.

Otra característica de las personas afectadas con este trastorno es que tienen una marcada tendencia a no actuar con transparencia, dejando en el ambiente los temas confusos y no definidos, lo que les impide mantener relaciones de confianza a largo plazo, pues en la medida que los van conociendo, sus relacionados se van alejando y poniendo distancia.

En realidad ellos no son culpables, pues son víctimas de un trastorno de la personalidad, pero pueden hacer mucho daño a las personas más cercanas, porque no tienden a reconocer su situación y rehúsan tratarse con un profesional de la psiquiatría. Al no someterse a terapias, estas personas con el tiempo van profundizando sus problemas, llegando a convertirse en seres humanos tóxicos y evitados por los demás.

En un principio lo que más confunde sobre las personas con esa personalidad disociativa es que para ganarse la aprobación y el cariño de los demás, son caritativos, dadivosos y solidarios, lo cual tiende a crear mayor confusión sobre su real personalidad.

Evitemos el exceso de alcohol
5 enero, 2016

Según la Organización Mundial de la Salud (OMS), las enfermedades cardiovasculares constituyen la principal causa de muerte, estableciendo que anualmente mueren alrededor de 18 millones de personas por esta razón, lo que constituye el 31% de todas las muertes en el mundo. En la República Dominicana también las enfermedades cardiovasculares son la principal causa de muertes, falleciendo 11 mil personas al año, de 30 mil que mueren en todo el país.

Entre las enfermedades cardiovasculares están el infarto al miocardio, los accidentes cerebrovasculares, la hipertensión y la insuficiencia cardíaca. En la República Dominicana hay 2 millones de hipertensos, lo que constituye un 35% de la población adulta, así como un millón tiene el colesterol alto y más de un 50% de los habitantes del país sufre de sobrepeso.

En realidad, es un grave problema, el cual no es heredado, sino que se adquiere con los malos hábitos, por lo que una gran cantidad de esas muertes podría ser evitada, adoptando un estilo de vida más sano, con una dieta apropiada y un sistema de ejercicios simple, como es el de caminar de 30 a 45 minutos diarios.

El alcohol y las drogas producen efectos letales para el organismo y son, con la obesidad, el tabaquismo, la inactividad física y la hipertensión, las principales causas de las muertes por enfermedades cardiovasculares.

La ingesta excesiva de alcohol es la más peligrosa, ya que se constituye en rutina normal de una gran cantidad de personas, lo que provoca un efecto devastador a largo plazo. Cuando tomamos alcohol, el 20% se va al estómago y el 80% al duodeno, pasando a la sangre en un tiempo de 30 a 90 minutos, siendo metabolizado en un 90% por el hígado.

Tomado de manera moderada, el alcohol es inofensivo, pero cuando pasamos de 30 gramos, ya estamos dentro del rango de la intoxicación y cuando pasamos de 50 gramos, podemos tener reacciones que afectan el cerebro. Por eso, aunque una gran cantidad de seres humanos se resista a creerlo, el alcohol, tomado sin control y en exceso, es una de las principales causas de muertes por accidentes cardiovasculares, así como de fallecimientos por problemas estomacales y del hígado.

El Síndrome de la adicción
10 mayo, 2015

La adicción es una enfermedad crónica que tiene una serie de signos y síntomas específicos, los cuales manifiestan un hábito que domina la voluntad de las personas, así como una dependencia a una sustancia, actividad o relación. La adicción controla los pensamientos y comportamiento del individuo, llevándolo a conductas impulsivas e irresistibles, que pueden perjudicar la calidad de vida de esa persona, ya sea en el trabajo, actividad académica, relaciones sociales, familiares y de pareja.

Existen infinidad de adicciones que de una manera u otra afectan al ser humano, entre las que podemos citar las siguientes: Adicción a las drogas, el alcohol, el tabaco, juegos o ludopatía, sexo, pornografía, comida, compras, juegos electrónicos o tecnofilia, al trabajo, al dinero, al poder, ejercicio, violencia, internet, televisión, al chisme, café, al reconocimiento o aprobación social, a los celos, posesividad, preocupación, odio, envidia, etc.

En principio siempre se tiene la apreciación de que cuando se habla de adicción se trata de drogas, lo cual es totalmente incorrecto, ya que el listado que hemos presentado es solamente una parte de todas las adicciones que existen, por lo que podemos resumir el término adicción a la incapacidad para controlar la mente, convirtiéndose el adicto en esclavo de su propia mente cuando se trata de dominar su voluntad.

Para tener una comprensión más práctica de este síndrome, vamos a definir en qué consisten algunas de las adicciones que hemos anunciado. La adicción a las drogas es la actitud de consumir cualquier estupefaciente de manera continua e incontrolable, de la misma manera que la adicción al tabaco.

A diferencia del alcohol, el cual se convierte en una adicción cuando la persona siente la necesidad de consumirlo constantemente, porque de lo contrario su organismo se lo pide para sentirse bien, se puede confundir con el trago social y la cerveza para compartir.

La del juego o ludopatía es una de las peores adicciones, pues genera inestabilidad familiar, de pareja y problemas que pueden llevar a cualquiera hasta el suicidio. La adicción a las compras o comprador compulsivo, que crea graves problemas económicos, ya que el adicto solo se siente bien comprando, aunque no lo necesite y lo va acumulando. Tenemos el adicto al dinero o avaro, el cual su único objetivo es acumular, olvidándosele de disfrutar de la vida, por lo que las siguientes generaciones, en definitiva, son los que vienen a disfrutar la fortuna que lograron conseguir.

El chisme, aunque usted no lo crea, es una adicción como cualquier otra; es una enfermedad crónica, que se manifiesta con el estilo clásico que lamamos "lleva vida", magnificar las cosas, emitir criterios sin base ni fundamentos; esas personas son muy peligrosas, porque son capaces de crear y provocar diferencias donde en realidad no existen. El adicto al reconocimiento o aprobación social, es la persona que si no recibe aplausos, reconocimientos y aceptación de la sociedad, se deprime, por lo que trata de buscarlo a como dé lugar. La adicción al café o cafeína es muy frecuente en nuestra sociedad, por eso podemos oír a cada momento la frase de que "si no bebo café, me duele la cabeza".

La adicción a la violencia es muy especial, porque es una enfermedad que puede empujar a la persona adicta a cometer actos violentos en cualquier momento, tanto físicos como verbales. El adicto a la violencia no tiene la capacidad de ver la vida de manera positiva, sino que siempre entiende que la solución de todos los problemas es a la fuerza y con violencia. La adicción al perfeccionismo es lo que llamamos psico-rígidos, que siempre ven la vida en blanco y negro, que no entienden que el mundo no es perfecto, que la perfección es una idea impracticable, porque la vida, simple y sencillamente, es imperfecta.

Para no hacer tan extenso el artículo, les prometo que en otra entrega seguiré definiendo otros tipos de adicciones, por lo que concluyo con la siguiente pregunta: ¿Es usted adicto a algo?

Trastorno Espectro Autista (TEA)
15 noviembre, 2015

El Trastorno del Espectro Autista (TEA) es una condición que cada día va en aumento en el mundo, estableciendo el último estudio realizado en Estados Unidos, que hay una por cada 50 personas con esta situación, lo cual puede ir desde muy leve hasta severo, convirtiéndose, de hecho, en una discapacidad no visible, lo que puede provocar en muchas ocasiones un trato y manejo erróneo y discriminatorio.

El TEA tiene tres características fundamentales, que impactan en tres áreas, que son la comunicación, socialización y conducta. Según Facundo Manes, los trastornos del TEA están referidos a diferentes cuadros clínicos ligados a dificultades socio comunicacionales y conductas repetitivas, y se diferencian entre sí por la severidad de los síntomas, el coeficiente intelectual y la adquisición del lenguaje.

El diagnóstico temprano del TEA es de gran importancia, pues permite que las familias tengan una herramienta para manejar y educar mejor a sus hijos y, al mismo tiempo, ayuda a que la sociedad sea más comprensiva y tolerante con personas con esta condición.

Si partimos de las estadísticas que nos arroja el último estudio realizado en Estados Unidos, en cualquier familia podría haber una persona, sea un niño, adolescente o adulto con este trastorno, por lo que su comprensión permitirá seguir diseñando nuevos métodos y tratamientos más efectivos.

Algunos de ustedes en determinado momento no se formulan las siguientes preguntas en relación a sus hijos, como por ejemplo, ¿por qué no juega correctamente ni habla como los demás niños, por qué desarrolla conductas que no entienden y, sobre todo, de qué hacer para ayudarlo y qué tratamiento utilizar?

Hay millones de personas con el TEA, sean autistas o asperger en todo el mundo sin diagnosticar, por lo que es importante prestarle un poco de atención a la forma de actuar de nuestros hijos, y si vemos alguna manifestación que pueda encuadrar en este trastorno, buscar ayuda profesional, lo cual, sin lugar a dudas, le facilitará la vida, tanto a éstos como a su familia, así como a su vinculación con la sociedad y el mundo escolar.

Asperger: Ventajas y desventajas
2 octubre, 2016

El Síndrome de Asperger es una condición que afecta la conducta del ser humano, situándose, según los últimos criterios de la organización responsable de darle seguimiento a esta dificultad, como un trastorno del Espectro Autista (TEA), el cual se clasifica en leve, moderado y crónico.

En el mundo hay millones de personas con esta condición no diagnosticadas, por lo que en muchas situaciones son discriminadas y consideradas como psico-rígidas, antisociales y de comportamiento raro, por lo que es muy importante un diagnóstico temprano, para poder manejar estos seres humanos de manera adecuada, principalmente en el área académica y su interrelación con los demás.

El asperger es único y diferente a todos los que tienen esa condición, ninguno son iguales y las manifestaciones van a depender en gran medida del medio social y familiar en que se han desarrollado, ya que la comprensión del trastorno de parte de sus vinculados es vital para estas personas, ya que el afecto y el amor puede más que la presión y el trato fuerte y exigente. Reaccionan positivamente cuando se sienten comprendidos, pero muy negativos cuando se ven acorralados, tendiendo a encerrarse y encasquillarse en estos casos.

Los asperger tienen muchas ventajas y desventajas en este mundo en el cual a veces no son entendidos. Entre sus aspectos positivos están su actitud generalmente sana, ingenua y de mucha nobleza con sus relacionados, llegando a un nivel de entrega como no es capaz de hacerlo una persona que no tenga esa condición. Son auténticos en sus sentimientos, ya que no les es posible fingir cuando no sienten lo que quieren expresar; para ellos la hipocresía y acciones teatrales sencillamente no existen.

Su condición a veces le dificultad hasta manifestar sus sentimientos con las personas que aman, por lo que no les es posible hacerlo con el que no está dentro de su corazón. Ese es el aspecto positivo del asperger, pero a la vez tiene su dificultad, ya que cuando sufren una decepción de una persona que quieren, jamás logran restaurar ese vínculo, ya que el sufrimiento los lleva a que ese hilo que lo unía a esa persona desaparezca para siempre y aún no guarden rencor ni resentimientos, nunca logran restaurar el cariño y amor del pasado.

El asperger tiene muchas dificultades y desventajas, principalmente en los países de menos nivel educativo, donde generalmente son marginados y discriminados por su comportamiento diferente a la mayoría de la población. Esa tendencia a la frustración es un caldo de cultivo para desarrollar ansiedades y episodios depresivos, por lo que, si no es tratado a tiempo, puede generar crisis que los lleven a aislarse y refugiarse en ambientes que los separe del mundo real, para concentrarse en su propio mundo.

Una de las mayores dificultades del asperger es su problema para socializar, por lo que cualquier ambiente en el que no se sienta cómodo, le genera ansiedad y estrés, siendo los cambios y situaciones inesperadas proyectiles mortales para personas con esta condición. Al asperger hay que prepararlo para los cambios, por más insignificantes que parezcan, lo mismo que variarle lo establecido previamente y sobre todo someterlo a sorpresas que no estaban previamente en su mente.

El asperger es un ser humano maravilloso, único y de características especiales, pero es importante conocer su condición para no someterlo a situaciones que le provoquen ansiedad y estrés, lo cual afecta en gran medida su estado de ánimo. El asperger aunque no llegué a comprender el mundo, puede aprender a manejar con el tiempo sus variantes, por lo que en la medida que va madurando, la vida se le hace más fácil, ya que puede manejar las frustraciones, cambios de rutinas, ambientes sociales y decepciones con mayor facilidad.

Ser asperger tiene, desde mi punto de vista, más ventajas que desventajas; quizás muchos no lo entiendan, pero yo sí logro hacerlo.

Aprendamos a comprender a los Asperger
8 abril, 2015

Si nos hacemos la siguiente pregunta: ¿Conoce usted lo que es el Síndrome o trastorno de Asperger?, lo más probable es que un porcentaje muy alto de los lectores que me honran con la lectura de mis artículos sencillamente digan, ¿y qué es eso?.

Pero si hacemos la siguiente pregunta: ¿Cómo catalogas a una persona con problemas de socialización, con intereses limitados, con incapacidad para expresar sus sentimientos, con torpeza motora, obsesivo, repetitivo, solitario, ingenuo y con marcada tendencia a no comprender los dobles sentidos de las cosas?, lo más probable es que rápidamente expresarás, ese es un tipo raro, anti-social y psico-rígido.

En realidad estamos hablando de lo mismo, pues esos son los síntomas clásicos de lo que representa una persona con el Síndrome de Asperger, cuya ignorancia y desconocimiento nos llevan a catalogarlos, etiquetarlos y estigmatizarlos como bichos raros, lo que, unido a no existir en la mayoría de los casos un diagnóstico, permite que esas personas sean sometidas a burlas, agresiones, rechazos, lo cual es un incentivo para provocarles frustraciones, confusiones, depresiones y hasta suicidios.

El trastorno de Asperger no es una enfermedad, sino una condición que tiene que ver con problemas conductuales, la cual está catalogada dentro del espectro autista, pero en realidad es una forma diferente de ver la vida, de interpretar los acontecimientos desde una óptica única y especial, lo que los hace ser personas que parecen inadaptados sociales, pero que tienen profundos sentimientos, que quieren, aman, son sensibles, con la diferencia que su condición no le permite expresar ese mundo interior que vibra y late con la fuerza de un volcán, pero que no saben ni pueden expresarlo al exterior.

Sólo una persona con esa condición es capaz de interpretar la forma de cómo se manifiesta esa situación, por la sencilla razón de que no es algo teórico, filosófico ni siquiera psicológico; es una incapacidad interna de alguien no poder ser lo que su interior le indica que sea; lo podríamos definir como un bloqueo, un nudo que no permite que fluyan sentimientos, lo que, al mismo tiempo, impide la socialización y empuja a la persona a la obsesión y concentración en actividades limitadas.

Este Síndrome fue definido por primera vez en 1981 por Lorna Wing, quien usó el término en honor a Hans Asperger, quien fue el primer estudioso de la conducta humana y que describió estos síntomas en 1943, pero no fue hasta después de 1990 que se reconoció el Asperger como entidad clínica.

El Síndrome de Asperger, aunque tiene como punto determinante el aislamiento social, no representa déficit de inteligencia, pues los asperger son únicos, con los diferentes niveles de inteligencia, bajo, medio y alto, pero cada uno con rasgos particulares; ningún asperger es igual a otro, eso es lo que los hace especiales, pues no puedes estereotiparlos, pues aunque tienen puntos comunes, los factores externos, familiares y experiencias vividas, los hace manejar su condición de manera diferente.

Los avances científicos han ido promoviendo un mayor grado de importancia hacia esta condición, hasta el punto que el 2006 fue declarado el año del Asperger y a partir del 2007, el 18 de febrero ha sido declarado el Día Internacional Asperger, en recuerdo al nacimiento de Hans Asperger.

El promedio de personas con esta condición de Asperger es de 3 a 5 por cada 1,000 habitantes, de las cuales más de la mitad nunca son diagnosticados, lo que nos indica que en nuestro país tenemos entre 30 y 50 mil personas sufriendo de este trastorno conductual, de los cuales más del 60% no lo sabe ni está consciente de ello, por lo que han tenido que vivir sin entender por qué son diferentes y aprender a lidiar con situaciones que para los demás son acciones simples de la vida. Un Asperger nos diría: "Bueno, estoy aquí en su mundo, pero a mi manera".

Los disturbios en Las Terrenas: Un espejo para todos
21 noviembre, 2014

Los acontecimientos ocurridos en el municipio de Las Terrenas, perteneciente a la provincia Samaná, que provocaron dos muertos, varios heridos, daños importantes a propiedades, vehículos y al medio ambiente, son hechos que deben motivar a la reflexión, ya que sus efectos son intangibles, al tratarse de una zona eminentemente turística.

En principio no vamos a partir para hacer nuestro planteamiento de si la protesta era justificada o no, sino del mecanismo utilizado para alcanzar los objetivos, en contra de la compañía privada que maneja la electricidad en esa población.

Por la experiencia que se tiene en este tipo de disturbios, en la mayoría de los casos son patrocinados por sectores que entienden se benefician de esos movimientos, por lo que proceden a su financiamiento para que los huelguistas compren combustible, grapas, alcohol y hasta drogas, lo cual no es un secreto para nadie.

Hemos venido observando cómo estos movimientos de protestas se han venido desvirtuando a unos niveles tales que se han convertido en campos de batalla, en los cuales se utilizan hasta armas de guerra para enfrentar las fuerzas del orden, se agreden a los ciudadanos, obligándolos a cerrar los negocios, se queman y destruyen vehículos, se crean peajes improvisados, se daña el asfalto, se agrede el medio ambiente cortando árboles centenarios. Según los informes, una de las muertes fue causada por el derribamiento de un árbol que le cayó encima de la víctima

Todos nos hacemos la pregunta, en qué benefician a la población estos disturbios callejeros, cuando los resultados siempre son de muertes, heridos, destrucción de la propiedad privada y daño al medio ambiente, entiendo que en nada benefician, por lo que en estos tiempos modernos, el procedimiento más ajustado a la realidad para lograr reivindicaciones y objetivos, es el del dialogo, la concertación y los acuerdos de consenso.

En nuestra sociedad hay personas que se quedan anclados en el tiempo, que tienen una mentalidad tremendista, que no creen en el diálogo, sino en el chantaje, la presión y la violencia, mentalidades desfasadas, que son fácilmente influenciables y manejadas en determinados momentos por sectores que entienden que esos actos vandálicos les favorecen para obtener objetivos particulares.

Con esto no estamos negando que en muchos casos las fuerzas del orden se extralimitan, adoptando posturas represivas, cuando tienen todas las posibilidades de controlar la situación sin asumir esas actitudes arbitrarias, pero su escaso nivel educativo y desconocimiento de técnicas modernas anti-motines, los llevan a cometer crímenes, que en muchos casos se pueden evitar.

Pero en este caso de Las Terrenas, lo más delicado es que estamos hablando de una zona turística, que vive fundamentalmente de los dólares que se generan en las diversas actividades de la población, lo que inevitablemente podría propiciar que esos turistas decidan abandonar el lugar e irse a otros territorios más tranquilos y seguros para ellos y su familia. En estos lugares turísticos es sumamente peligroso adoptar este esquema de protestas, pues en el mundo hay demasiado lugares seguros, para estar en alguno que no garantice la más mínima posibilidad de desarrollar una vida normal.

En nuestro país hay varias comunidades que regularmente provocan protestas, huelgas y disturbios callejeros, pero ninguna son zonas turísticas, por lo que sus habitantes tienen que quedarse viviendo en ellas, aun viendo cómo sus propiedades van perdiendo plusvalía y el comercio ve disminuir sus operaciones comerciales.

Estos pueblos de la costa norte debemos cuidarlos, preservarlos y mantenerlos en unas condiciones de competitividad que permitan atraer al turista, que no solo busca hermosas playas, sino también un lugar donde vivir sin el temor de que en cualquier momento pueda ser agredido por desaprensivos que se cobijan bajo el amparo de luchas reivindicativas.

Hoy es Las Terrenas, mañana puede ser Samaná, Cabrera, Río San Juan, Cabarete, Sosúa, etc, que se encuentren con una situación como esta, en el ojo del huracán, prácticamente en estado de sitio, por lo que cada uno de los habitantes de esas comunidades deben estar alertas para defender sus intereses, proteger su presente y su futuro, rechazando este tipo de disturbios violentos, que no aportan nada positivo, buscando, en cambio, en cualquier circunstancia, el método más idóneo y civilizado, que es el diálogo, la concertación y los acuerdos de consenso, para lograr vivir en un ambiente de paz y tranquilidad.

Sobre la decisión de la DMS sobre el TEA
6 noviembre, 2016

El Manual de Diagnóstico y Estadística (DMS), en su quinta edición versión en castellano que fue publicado en octubre del 2013, tomó la decisión de unificar el Trastorno Autista, Trastorno de Asperger y el Trastorno de Desintegración de la Infancia, en lo que definió como el Trastorno del Espectro Autista.

Según el DMS el Trastorno del Espectro se refiere a que los síntomas de cada uno de ellos puede aparecer en diferentes combinaciones y en distintos grados de severidad, lo cual puede resumirse en un Trastorno generalizado del desarrollo, pero con situaciones específicas en cada caso.

Esta decisión de la DMS en su quinta edición, puede prestarse a muchas confusiones, ya que cada Trastorno tiene sus características especiales, así como sus manifestaciones particulares, lo que para evitar un poco ese nivel de complicación, estableció que para el TEA, eran fundamentales dos aspectos básicos. Veamos.

1ro. La comunicación y la integración social.

2do. Los patrones repetitivos y restringidos de comportamiento, intereses y actividades.

En realidad todo el que tenga el Trastorno del Espectro Autista debe de tener estás dos condiciones, pero dentro de ese gran Espectro existirá el nivel de severidad, lo que será determinante para su diagnóstico, trata miento, manejo y seguimiento. Digo esto porque dentro de este mundo del TEA, encontraremos personas con síntomas mínimos y hasta imperceptibles, y otros con condiciones extremas de comportamiento.

Los profesionales de ésta área con la unificación que realizó la DMS de estos Trastornos, en verdad que tienen un gran reto por delante, ya que al diagnosticar a una persona con el TEA, deberán tener en consideración una gran cantidad de factores para no incurrir en errores que más que ayudar, puedan afectar negativamente a aquellos que con alguna dificultad no es tan exacto diagnosticar con ésta condición.

Establezco esta ponderación por el hecho de que aún con la condición del TEA, todos son únicos, con características propias y con una personalidad diferente." La personalidad es el conjunto de rasgos y cualidades que configuran la manera de ser de una persona y la diferencia de las demás".

De todas maneras entiendo que ésta decisión de la DMS, significa un paso de avance para tener un mayor grado de comprensión de ésta condición que tiene que ver con la conducta humana y que ofrece un gran reto para todos los que de una manera u otra se relacionan con ella, ya sea como Psiquiatras o como portadores de esa condición.

Capítulo IV
Encontrándonos con el "ego"

Diferencia entre lealtad y la fidelidad
26 octubre, 2016

Es algo muy común entre los seres humanos confundir la lealtad con la fidelidad, lo cual tiene por consecuencia que se cometan muchos errores y en gran medida que se hagan interpretaciones y evaluaciones alejadas de la realidad. Si no tenemos este concepto claro, los análisis son subjetivos, ocasionando decepciones y frustraciones donde no existe razón para éstas actitudes.

La lealtad es el resultado de una decisión basada en la razón, tomada por la mente, mientras que la fidelidad es una visión asumida desde el corazón, desde el ser y los sentimientos; en esto radica su diferencia, la cual responde a una actitud de fondo y que trataré de explicar brevemente.

Cuando se asume cualquier proyecto de índole política, social, religioso, económico, familiar o personal, se considera que una persona es leal, cuando es capaz de mantener su integración a esa causa hasta que lo considere necesario y, en una circunstancia determinada, decida tomar por otro camino. En cambio, el que se pasa la vida brincando de un sitio a otro es catalogado de saltarín o desleal, ya que actúa motivado por los beneficios materiales del momento.

Una persona se la considera leal cuando actúa por una causa, por un objetivo determinado, lo que podríamos estimarr como un intercambio, yo te apoyo y te acompaño, pero en cambio espero ser correspondido al finalizar lo establecido. El leal no abandona ni traiciona, pero su participación busca resultados específicos materiales.

En gran medida cuando una persona mantiene y compromete su lealtad, pero los resultados no son los esperados, esa lealtad puede convertirse en una enemistad basada en el resentimiento, la cual puede convertirse en antagónica o simplemente en un resentimiento pasivo. El resentido puede convertirse en un enemigo abierto o puede decidir mantener el vínculo, esperando las cosas cambien, abrazándose a una esperanza que podría ocurrir en el futuro.

En cambio el fiel, el que actúa por fidelidad, lo hace con el corazón, se entrega a una causa o relación con el alma, asumiendo todas las consecuencias sin titubear, sean las esperadas o simplemente sean adversas. La persona fiel siempre está presente, asumiendo las decisiones aunque no las comparta, y su confianza está por encima de las escaramuzas de la vida.

Es posible que leales hayan muchos; por mi experiencia entiendo que fieles no son tantos, porque para tener esta cualidad humana, la fidelidad, hay que poseer , sobre todo, un corazón noble, justo, desinteresado y agradecido, lo cual, desgraciadamente, es muy escaso en los seres humanos.

Siempre preferiré a un leal que a un traidor y desleal, porque, por la naturaleza humana, es normal que una persona se aferre a una causa buscando objetivos materiales, eso es la vida y está perfectamente permitido, siempre y cuando sean sinceros y francos al momento de decidir cambiar su lealtad.

De todas maneras, me inclino por la persona fiel, que se entrega con pasión, sentimientos y el corazón a cualquier causa o persona de manera desinteresada, aportando, cuando tiene la oportunidad, pero nunca cuestionando cuando se toman las decisiones en momentos críticos y cruciales.

Por eso establezco que el leal actúa con la razón y el fiel con el corazón.

Si quieres conocer a fulanito, dale un carguito
27 mayo, 2017

Si quieres conocer a fulanito, dale un carguito. Es una frase que encierra una gran sabiduría y que, originalmente, proviene del refranero español, aunque en un momento fue dominicanizada por Joaquín Balaguer; "si quieres conocer a miguelito, dale un carguito". Balaguer tenía el don de usar ese tipo de frases como si fueran suyas, pero en realidad lo que hacía era ajustarla a una realidad determinada.

Esta frase fue utilizada en España como una manera de evidenciar a aquellas personas que actuaban de una manera y luego de otra diametralmente opuesta cuando eran incumbentes de una posición gubernamental. Santicos humildes y luego endemoniados altaneros y arrogantes.

En nuestro país eso lo vemos a diario, donde muchos funcionarios a todos los niveles antes de ser nombrados tenían un desenvolvimiento en la vida que los hacia ver ante los demás como personas humildes y de gran sencillez. Situación que no sólo se manifiesta con los ministros y directores generales, sino con empleados encargados o simples empleados de posiciones provinciales y municipales.

En realidad esto lo experimentamos a diario, inclusive en mi caso, que tengo una posición de Director General, y se me dificulta poder acceder a otro funcionario de mi misma jerarquía y casi imposible cuando se trata de un señor Ministro. Muchas de esas personas que las conocíamos, nos resulta chocante ver cómo se transforman y expresan con orgullo su nueva personalidad.

Desde mi punto de vista, no creo que sea la posición que los cambie, sino que el cargo lo que hace es permitir que emerja su verdadero yo, su ego, que por circunstancias de la vida estaba escondido, encubierto, esperando el momento para emerger con toda su violencia y agresividad.

Por designios de la vida esas personas siempre terminan mal, porque al colocarse por encima de la realidad, cometen continuos y sistemáticos errores, que al momento de perder su "poder", se convierten en seres débiles y asustadizos, ya que en el mejor de los casos, lo único que tienen es dinero. Hay gente tan pobres que lo único que tienen es dinero, como dijo el poeta.

Esto lo he visto a todos los niveles, lo he vivido, observado y, por ende, me ha permitido obtener una gran experiencia y sabiduría, para conocer a los fulanitos, según los españoles y los miguelitos, según Balaguer. Porque, como decía, esto se manifiesta a todos los niveles, a veces hasta en una simple secretaria, recepcionista, portero, asistente o encargado de una institución municipal.

Por eso es importante comprender que cuando usted va a una posición gubernamental, lo primero es estar claro en que es algo momentáneo, transitorio y circunstancial, lo cual puede variar en cualquier momento, ya sea por un decreto o por una simple decisión administrativa, que a veces depende del estado de ánimo del incumbente inmediatamente superior.

Al Estado se va a servir con humildad, por eso se nos llama servidores públicos a los participantes de un gobierno, por eso es imprescindible que los servidores públicos tengan vocación de servir, sensibilidad social, respeto y consideración a los que tengan menos posibilidad, ya que son los que pueden necesitar con mayor razón un servicio de su institución.

También en mi trayecto como funcionario público he comprendido que en un gran porcentaje, los funcionarios entienden que cuando los nombran en una institución se la están regalando, por lo que empiezan a actuar como si fuera una empresa de su propiedad. Guardan en una gaveta la institucionalidad y crean un nuevo manual adaptado a su personalidad egocéntrica.

En realidad no creo que ser un funcionario honesto, humilde, sensible, respetuoso del ciudadano, con vocación de servicio, sea algo tan difícil. El mejor ejemplo lo tenemos en nuestro Presidente, Danilo Medina, el cual sigue siendo la misma persona, con el mismo trato y sensibilidad social que conocimos antes de ser Presidente de este país. De mi parte puedo decir que no he visto en él ningún cambio de su personalidad, siempre afable, cercano a la gente y lejano a la burocracia y las élites.

Debo reconocer que mi estímulo para pertenecer a este gobierno es Danilo Medina y uno que otro alto funcionario, porque en verdad siento una gran decepción por amigos funcionarios que cada día se despegan más del mundo de los humanos, siendo incapaces de aprender de quien a diario le da una lección de cercanía con la gente y de amor a los humildes. Pero parece que el refranero español tenía razón: "Si quieres conocer a fulanito, dale un carguito".

La traición y la deslealtad: Amigo lector ¿qué piensa?
1 noviembre, 2015

Cuando escribí el artículo "Qué tiempos aquellos", trataba de resaltar un aspecto básico en el ser humano, además del valor y grandeza que podrían tener, era la lealtad, condición que considero un valor indispensable para toda persona que se autoproclame tener dignidad y honorabilidad.

Tanto Nguyen Van Troi, como Norman Bethune y Julius Fucik, fueron ejemplos de firmeza, entereza y entrega total e incondicional a una causa noble y justa, por la cual ofrendaron su vida sin reparos y sin ningún arrepentimiento, desafiando, hasta el último aliento de su existencia, a quienes consideraban representantes de una clase injusta y explotadora de los humildes y desposeídos.

Pero, al mismo tiempo que la historia nos ha legado estos ejemplos de entrega y lealtad incuestionable a una causa justa, también han existido ejemplos de traición y deslealtad que han impactado negativamente en la historia, como es el caso de Marcus Lunios Brutus Caepio, que junto a Judas Iscariotes, son los dos traidores más tristemente célebres de toda la historia.

Bruto era hijo de Servilia, amante de Julio César, lo que le permitió convertirse en hijo adoptivo de éste y ganarse la confianza y el amor incondicional de César. Aun así, al estallar la guerra civil en Roma, Bruto se alinea con Pompeyo, enfrentando a su antiguo protector en la batalla de Farsalia, donde el ejército de Pompeyo es derrotado por César.

Después de la batalla, Bruto le envía una carta a César en la que le pide perdón, lo cual, de inmediato, es aceptado por éste, convirtiéndolo en uno de sus más cercanos colaboradores. Luego es nombrado por César gobernador de las Galias y, poco tiempo después, es designado como pretor.

Este gesto de amor, confianza y protección de César hacia Bruto, es coronado con la conspiración, deslealtad y traición desde el Senado, que lo llevó a organizar junto a Cayo Casio uno de los asesinatos más brutales y sanguinarios de la humanidad. Todavía retumba en la mente de los mortales aquella expresión del César moribundo, cuando Bruto y un grupo de senadores lo apuñalaron en todo el cuerpo:

"Tu quoque, Brute, fili mi" (Tú también, Bruto, hijo mío), aunque otros dicen que habló en griego y dijo "Kai su, teknom?". (¿Incluso tú, hijo mío? En realidad, fuera en griego o latín, el sufrimiento que César debió sentir al ver a su hijo adoptivo, su protegido, clavándole sin compasión su daga, debió ser algo muy triste y espeluznante.

A menudo oigo a muchas personas expresando que no existe nada peor sobre la faz de la tierra que un ser humano proclive a la traición y la deslealtad. Yo también pienso lo mismo. ¿Y usted, amigo lector, qué piensa?

La espada de Damocles
24 enero, 2016

Dionisio fue un tirano de Siracusa (Sicilia), que gobernó en el siglo IV a.C, caracterizándose por su extremo poder y actitud sanguinaria. Fue un rey que gozó de todos los privilegios y facilidades, rodeado de lujos, comodidades y de las más bellas mujeres.

En su corte había un cortesano de nombre Damocles, que se caracterizaba por tener una mentalidad de extrema ambición, en especial por su envidia a los lujos y comodidades del rey Dionisio. En cada momento y circunstancia su tema principal era hablar sobre la vida augusta que ostentaba el tirano.

Dionisio, al enterarse de los continuos comentarios del cortesano, lo mandó buscar y le formuló una propuesta que consistía en que por un día intercambiaran sus roles, para que de esa manera Damocles disfrutara de sus lujos, privilegios y hasta de sus mujeres, a lo cual, de manera inmediata, accedió el cortesano.

Esta leyenda cuentan que fue narrada por Timeo de Touromenio, quien nos dice que al momento de producirse el cambio de roles, Damocles disfrutaba de un gran banquete, con Dionisio y toda la corte a su servicio. Pero, al momento de estar llegando la cena a su final, éste miró hacia arriba y alcanzó a ver una espada que marcaba directamente a su cabeza y que sólo la sostenía un pelo de crin de caballo.

Ante esta situación, Damocles entró en un estado de pánico y, con gran nerviosismo, le pidió a Dionisio de favor que le permitiera retirarse de ese lugar, que ya no le interesaba continuar disfrutando de esa vida ni de sus privilegios, y que prefería volver a ser un simple cortesano, porque no podía seguir en el lugar ante tan inminente amenaza de muerte.

En realidad, en nuestros tiempos, cuando nos referimos a la espada de Damocles, estamos haciendo alusión a una metáfora que nos indica el inminente peligro y el precio que se paga por el poder, a su fragilidad y la inseguridad en que viven aquellos que lo ostentan. Al tiempo que nos revela el papel del envidioso, que no tiene paz, por el éxito ajeno, pero tampoco tiene la más mínima idea de cómo se desenvuelven las cosas en ese mundo tan anhelado, difícil y complicado.

En conclusión, entiendo que lo más pertinente es vivir nuestra propia vida, sin odios ni envidia, para que no tengamos que vernos siendo parte de la leyenda de la espada de Damocles.

La escuela de Judas Iscariote
18 febrero, 2016

Históricamente ha quedado demostrado que cuando se habla de traición y deslealtad, Judas Iscariote es considerado el símbolo de los traidores, aunque muchos alegan que éste fue víctima de una trama de los demás discípulos, por sus condiciones intelectuales y de superioridad académica sobre el grupo de seguidores de Cristo. Al margen de esos argumentos que aducen envidia y resentimientos, lo que predomina en la mente de la gran mayoría de la humanidad, es que Judas fue un vil y villano traidor que vendió a Jesús por 30 monedas.

Otro caso que para mi opinión es un acto de traición sólo superado por el de Iscariote, es el de Bruto y Julio César en la antigua Roma. Bruto era un hijo para César, hasta el punto que después de éste haberlo traicionado y marchar junto a Pompeyo, siendo derrotados en la batalla de Farsalia, César, atendiendo a una carta de solicitud de perdón de Bruto, procede no sólo a perdonarlo, sino a nombrarlo luego Gobernador de las Galias, Pretor y promoverlo para Senador. La respuesta a esto fue el asesinato de César por parte de Bruto y un grupo de senadores. (Hasta tú, Bruto hijo mío).

Hay otros actos de traición y deslealtad que han quedado grabados por decisión histórica, como el de Julius y Ethel Rosenberg, quienes entregaron los planos de la bomba atómica a los rusos, lo que provocó el inicio de la guerra fría. También tenemos la traición de Efialtes, que se establece en la película de los 300, cuando los valientes espartanos tenían doblegados a los persas, pero, por una información de Efialtes sobre su ubicación, son derrotados y aniquilados.

Hay otros casos de deslealtad que suenan a través del tiempo, como el de Karel Curda, un checoslovaco que cuando su país estaba bajo el mando nazi de Reinhard Heydrich (El carnicero de Praga), los rebeldes organizaban su muerte, pero fueron delatados por Curda, siendo aniquilados a pesar de su heroica resistencia. También tenemos dentro de esta categoría de traiciones, la de Benidict Arnold, quien, en la guerra de independencia de Estados Unidos, entregó el fuerte que dirigía (West Poin) a los ingleses, siendo luego repudiado por ambas partes, porque ya nadie creía en él, por traidor.

Para terminar con los casos más impactantes de traición en la historia, me voy a referir al de Melinde, quien, al traicionar a los aztecas y pasar a colaborar con Hernán Cortés, prácticamente selló el destino del imperio azteca. Por último, tenemos el renombrado caso de Guy Fowker, un inglés católico que intentó volar el parlamento de su país, por lo que en Inglaterra existe lo que se llama la noche de Guy, en la que se quema la efigie del traidor y se lanzan fuegos artificiales.

Estos son hechos históricos reales que simbolizan la traición y la deslealtad, representando una cantidad indeterminada de acciones de este tipo, que a diario observamos en amigos, relacionados y seres humanos en sentido general, que lo consideran como si fuera algo normal y rutinario. Una característica de este tipo de personajes, es que al incurrir en estas faltas, siempre terminan culpando a la víctima y convirtiéndose ellos en los victimarios.

Al revisar estas acciones y al estudiarlas a profundidad, siempre notamos que en todos los casos hay un hilo conductor, que podemos sintetizar, en que, para traicionar, el accionante siempre busca ganarse el aprecio y la confianza de la víctima para dar su estocada mortal. Estos hechos irrefutables e ineludibles nos dejan un importante legado, que es el de aprender que existe una escuela de Judas Iscariote.

La cultura de las quejas y buscar culpables
31 julio, 2016

El ser humano en sentido general, pero el dominicano en particular, tiene una marcada tendencia a vivir quejándose y echándole la culpa a los demás por sus fracasos y frustraciones, convirtiéndose esto en su manera de vivir.

Los dominicanos tienen una forma muy peculiar de expresar esos criterios, como, por ejemplo, cuando saludan a alguien; normalmente incluyen estas respuestas al preguntarle ¿cómo se encuentra?: "Mal, pero tú no tienes la culpa; bueno, esto está malo y cada día peor; esta vaina se jodió; aquí llevándome el diablo; como el pan chiquito; esperando lo que nunca llega".

Otras respuestas frecuentes son: "Esperando que la cosa se arregle; loco por coger la yola; esperando que me arregles el día; esto tá difícil y ahora la mujer preñá; ya ni pal moro está apareciendo", etc. Estas expresiones son propias de la cultura negativa que se manifiesta con suma normalidad y que se va haciendo un hábito de vida.

La cultura negativa basada en las quejas hay que tratar de eliminarla de nuestras vidas, porque, de lo contrario, nunca podremos avanzar y siempre estaremos dando vueltas en un círculo vicioso, transmitiendo esa manera de ver la vida a sus hijos y relacionados, que al recibir a diario ese bombardeo negativo, irán trillando ese mismo camino, alejándose de formarse con una cultura positiva y asumiendo la queja y estancamiento como su modus vivendi.

Existe algo tan dañino como la queja y es el echarle siempre la culpa a los demás de sus fracasos y frustraciones, por lo que este tipo de personas nunca se alegran del éxito ajeno, sentimientos que en muchos casos llegan a un nivel de patología negativa, que sufren cuando el otro crece y progresa en la vida.

Está demostrado a través de estudios científicos, que esa cultura negativa convierte al ser humano en un ente envidioso, que sufre profundamente la estabilidad económica de sus vinculados, lo cual los lleva a creer que sus frustraciones y fracasos no son su responsabilidad, sino de los demás, que han progresado y no lo han ayudado. Si en algún momento de la vida albergas esos sentimientos, mi recomendación es que lo observes y busques ayuda profesional, antes que sea demasiado tarde; reconocer los errores es de humanos y enaltece al que lo hace.

El síndrome del triunfalismo
28 abril, 2015

Uno de los criterios más perniciosos y dañinos en la actividad política es la interpretación a destiempo de que tenemos asegurada la victoria en una contienda electoral, asumiendo esta posición por circunstancias del momento, las cuales pueden favorecernos en esa realidad o simplemente por tener una visión subjetiva que nos lleva a enfocar los temas políticos-electorales de manera equivocada, incurriendo en lo que muchos consideran como el síndrome del triunfalismo.

Desde mi punto de vista y por la experiencia que hemos tenido en la actividad política, entiendo que el triunfalismo es un vicio ideológico que en determinadas situaciones puede llevarnos a exponernos a fracasos electorales cuando "supuestamente" teníamos todo bajo control y la victoria asegurada, sencillamente por no hacer lo que las circunstancia ameritaban, pues nos habíamos declarado ganadores antes de concluido el proceso.

Mi recomendación en todas las contiendas que he participado es la de trabajar hasta el último día con la misma o mayor intensidad con la que comenzamos, siempre sumando, sin menospreciar ningún apoyo por más insignificante que nos pueda parecer, siendo persistente, sin sectarismo ni exclusión, porque al final no es lo mismo un adversario resentido que un contrincante neutralizado por un trato decente y respetuoso.

La persona afectada por el síndrome del triunfalismo siempre observa las cosas a su manera, sólo mira las situaciones como quisiera que fueran, se crea un mundo que sólo está en su mente, alejándose del mundo real y objetivo; colocándose al margen de la realidad, lo cual necesariamente lo empuja a cometer errores tras errores, menospreciando aliados o simples ciudadanos que al final podrían ser determinantes en una decisión muy competitiva.

Como ilustración de esta teoría del efecto catastrófico del triunfalismo, que entendemos correcta, voy a narrarles una historia de las muchas que he vivido en procesos electorales, la cual al mismo tiempo será una primicia, porque en definitiva fue la causa real de la derrota del Puma en 2006 en su batalla por la senaduría con Chú Vásquez, con una diferencia de tan sólo 150 votos.

Siempre he utilizado las encuestas como herramientas de trabajo, ya que es un indicador científico que nos ilustra de cómo andan las simpatías en un momento determinado. En esas mediciones que realizamos para ver el grado de apoyo que tenía Isabel Bonilla, que competía con Hilario Amparo y Arístides Victoria por una diputación, siempre notamos que entre el Puma y Chú la diferencia era muy cerrada, con el Puma siempre ligeramente arriba; lo cual contrastaba con las mediciones que realizaban las firmas encuestadoras que le hacían las encuestas al PLD, por la sencilla razón de que en esas encuestas median los senadores y diputados juntos y un porcentaje determinado se inclinaba por el Puma, pero por un diputado del PRD, fuera Salomón o Warner, a los cuales no le hacían una segunda pregunta para ver en definitiva por cuál de los dos se inclinaba el ciudadano.

Con ese criterio de realizar la encuesta, el Puma salía con 8 puntos de ventaja, pero con el estilo que nosotros empleábamos de introducir una segunda pregunta, ese 8% se inclinaba por los diputados del PRD, lo cual nos arrojaba un empate técnico a nivel de la Senaduría.

Con esa inquietud, Isabel y un servidor visitamos al Puma la tarde antes de las elecciones y les hicimos nuestro planteamiento, solicitándole al mismo tiempo un apoyo económico para revertir el trabajo que Chú había hecho en Río San Juan, donde duró 3 días con mucho recursos, logrando variar un porcentaje de la intención del voto a su favor.

Le informamos al Puma que nos habíamos quedado sin recursos y que necesitábamos concentrarnos en Río San Juan, aunque tuviéramos que amanecer para revertir el trabajo que había hecho Chú, lo que nosotros estimábamos en por lo menos 500 votos. Su respuesta fue simple, váyanse tranquilos que ya todo está consumado, porque la ventaja que tengo no hay forma de variarla, dándonos la espalda para seguir celebrando con unos tragos exquisito para la ocasión.

Recuerdo que tomé a Isabel por un brazo y le dije: ” Vámonos, que tú vas a ser diputado y éste lo más probable es que no sea Senador”. El Puma ganó por 650 votos en el municipio de Río San Juan, los cuales si nos hubiera escuchado pudieron convertirse en 1000 votos de ventaja, que hubiera evitado una derrota tan frustrante por 150 votos de diferencia a nivel general, después de saborear tan de cerca el éxtasis de la victoria, la cual se esfumó teniendo como único responsable: El síndrome del triunfalismo

El resentido social
21 mayo, 2017

Es mucho lo que se habla acerca del resentido social, pero en realidad, ¿qué es un resentido social? ¿Una condición?, ¿una enfermedad?, ¿un trastorno de la conducta? Desde mi punto de vista ninguna de estas clasificaciones. ¿Entonces qué es? Entiendo que es una visión de la vida, resultante de una programación social, como resultado de experiencias negativas que han formado un EGO, que hace que la vida se observe con una destacada distorsión, a través de un filtro que nos aleja de la realidad.

El ser humano al margen de millones de años de cultura que se imponen a la mente inconsciente, recibe desde niño una programación de la sociedad, que les dice que el "éxito", la fama, el triunfo, la felicidad, etc., sólo ocurren cuando obtienes determinadas cosas materiales. Por lo que debes trazarte sueños y metas permanentemente para ser alguien destacado en la vida. En algunas ocasiones logras esas metas y en otras no es posible, por lo que cuando no lo logras, entiendes que has fracasado y empiezas a buscar culpables.

Esos "fracasos" al no asimilarlos correctamente, entiendes que no tienes salida, por lo que te nublas de pensamientos negativos y por ende de sentimientos de frustración. No eres capaz de entender que el fracaso es una situación creada por tu propia mente, que lo que debes hacer es buscar la parte positiva que eso pueda tener. Como dice un escritor famoso: "Buscar el lado positivo del fracaso"; y" que cada fracaso nos trae una semilla igual o mejor que eso que ha pasado".

Cuando la persona sólo observa la parte negativa, obviando totalmente el aspecto positivo que cada situación encierra, se va convirtiendo en un resentido social. Empieza a sentir celos, envidia, odio y rencor de aquellos que entiende han logrado triunfar en el mundo, sin detenerse a analizar las causas del triunfo de los demás y las de su fracaso. No reflexiona, sino que acusa, ataca y enarbola el chisme como su arma de combate.

En realidad el resentido es una víctima de la propia sociedad, pero puede convertirse con el tiempo en alguien peligroso, llegando a convertir esa envidia y odio en acciones violentas, tanto contra otras personas, como consigo mismo. Esto puede llevarlo a un nivel de resentimiento tal, que puede hasta agredir físicamente a quienes envidian, o pueden llegar en un nivel frustración, que pueden caer en una depresión que los lleve a atentar en contra de su propia vida.

Por lo que mi recomendación a aquellos que empiecen a sentir esos sentimientos negativos, como reflejo de múltiples y constantes pensamientos ruidosos en su mente, es que haga un alto, se detenga y se tome un tiempo para reflexionar. Que realice una evaluación de su vida, que sea capaz de observarse y ver que está haciendo bien y que podría estar haciendo erróneamente.

Tratar de hacer conciencia de que esos pensamientos y sentimientos de envidia y odio no son propios de su ser interior, sino que han sido instalados en su mente por la sociedad, que están programados para pensar de esa manera. Cuando sea capaz de hacer esto, notará que sentirá un alivio interno, porque empezará a entender que nadie es responsable de sus fracasos, y que ni siquiera él es el responsable, sino su EGO, programado por la sociedad.

Es el momento de empezar a vivir el momento, el ahora, y abandonar el apego al pasado y las proyecciones del futuro. Desde ese momento dejará de ser un resentido social, para convertirse en un ser humano, con tranquilidad mental, paz espiritual, sin pasarse el tiempo juzgando a los demás, aceptando al otro tal y como es, con sus vicios y virtudes. Entonces empezará a conocer lo que es la felicidad y le dirá adiós al EGO perturbador.

El liderazgo desde diversas perspectivas
16 febrero, 2016

Es mucho lo que se habla sobre liderazgo; miles de libros indicándonos cómo debe ser un líder, miles de conferencias para explicar cómo debe ser un liderazgo fuerte y miles de cursos y maestrías para que seamos mejores líderes. Al margen de toda esta orientación para formar liderazgos, entiendo que hay condiciones propias, particulares de cada ser humano que lo pueden favorecer para desarrollar y convertirse en un líder en su área de incidencia.

Hay personas que desde sus primeros años van demostrando sus cualidades de liderazgo, otros la van adquiriendo con el tiempo y la experiencia; lo que podemos afirmar es que ese ser humano por lo general siempre está adornado de un carisma particular, de lo que muchos llaman un ángel, que no es más que una condición específica que le permite influir sobre los demás y en circunstancias determinadas llevar al colectivo hacia donde se propone.

También tenemos lo que podemos llamar el líder coyuntural, que es aquel que por una situación determinada logra capitalizar esas circunstancias y emerger como un gran líder, sin tener carisma ni las mínimas condiciones para ello. De esto tenemos infinidad de ejemplos, tanto en el plano político, militar, empresarial y en varias actividades propias del quehacer cotidiano de la vida.

De manera particular, para mí siempre ha sido una incógnita el liderazgo que logró desarrollar Adolfo Hitler, lo cual ha creado una escuela del pensamiento sobre el liderazgo, que vemos a diario como ese tipo de personas logra imponerse, consiguiendo que las masas lo sigan, sin tener la más mínimas condiciones para ello. Naturalmente, que es un estilo basado en la presión, el miedo, el chantaje y la intimidación, pero que aun así, logran imponerse sobre las masas, logrando que éstas lo asuman, a pesar del rechazo y el resentimiento que pueden sentir.

Este tipo de liderazgo en determinado momento apela al ego individual y colectivo para lograr sus propósitos, como es el caso de Hitler, que siendo un chiflado de tercera categoría, logró que el país más inteligente del mundo, donde nacieron intelectuales como Marx, Kant, Hegel, Feuerbach, Sigmund Freud, lo siguieran en su empresa fascista. En realidad, toda la intelectualidad de Alemania se puso a su disposición, incluyendo a Heidergger, que está considerado entre los filósofos más importantes del siglo pasado, y que apoyó a Hitler. Increíble, pero una realidad.

Qué hizo Hitler para lograr que toda Alemania lo siguiera, un mediocre que carecía de inteligencia, un maniático sin educación, un hombre a quien le negaron la admisión en la escuela de arte, lo mismo que en la escuela de arquitectura porque carecía de inteligencia. Sin embargo, ese hombre, Adolfo Hitler, se convirtió en el líder del país más inteligente del mundo, creando el régimen más fascista y logrando asesinar millones de personas.

Sencillamente Hitler articuló un discurso basado en elevar el ego de la intelectualidad alemana, diciéndole que la raza nórdica alemana era la más pura raza aria y que su destino era gobernar el mundo, porque todos los demás eran inferiores e infrahumanos. En su autobiografía, Adolfo Hitler dice:" Si quieres que una nación se fortalezca, crea enemigos a su alrededor; si no, la gente se relaja. Mantenlos continuamente en paranoia, que sientan que hay peligro por todas partes".

Este estilo de Hitler fue copiado magistralmente por Fidel Castro y Chávez , lo cual le dio muy buenos resultados, lo que también ha tratado de emular el presidente Maduro, pero su nivel es tan mediocre y su capacidad tan limitada, que no ha conseguido lo de sus antecesores, creando una situación que por el momento luce un callejón sin salida.

Aunque muchas veces este tipo de personajes con ese estilo logran sus objetivos, de manera particular sigo creyendo en el liderazgo basado en el carisma, el trabajo de equipo, la vinculación particular, el razonamiento para lograr el convencimiento y la relación de doble vía, en la que el líder escucha y toma sus decisiones, sin presión ni atropellos. Ese para mí es el liderazgo sano y productivo, que puede lograr sus objetivos sin dejar resentimientos y permitiendo que aquel que disienta tome sus propias decisiones, aunque en determinado momento esa persona pueda optar por cosas que reflejen su alto nivel de deslealtad.

El arte de la manipulación
11 enero, 2016

Todo ser humano en algún momento de su vida tiende a ser manipulador; es algo que puede hacer sin malicia, sólo guiado por sus instintos de conseguir un objetivo determinado, convirtiéndose de esta manera la manipulación en algo inofensivo y sin consecuencias malsanas.

Pero cuando la manipulación es manejada, dirigida para conseguir un objetivo, sin importar los medios que para ello se tenga que utilizar, asumiendo la máxima de Maquiavelo de que "el fin justifica los medios", en ese caso entonces la manipulación se convierte en una acción dañina, funesta y negativa.

El manipulador actúa con un profundo sentimiento de egocentrismo, buscando obtener su meta, aún tenga que dañar a quien ha confiado en sus intenciones. El manipulador no es una persona con problemas conductuales, no está condicionando por un trastorno de la personalidad, sencillamente es una persona con un gran ego, que lo impulsa a actuar de una manera equivocada, sin importar que pueda afectar con esto a quienes han depositado en él su confianza. A veces el manipulador adopta una pose de víctima, logrando que lo vean como un ser sufrido, enfermo, afectado injustamente por la vida, logrando de esta manera mantener su entorno atento a su tragedia, y convirtiéndose en centro de atención. Hay un tipo de manipulador que puede convertirse en un ente peligroso, ya que por su inteligencia y habilidades, puede llegar a controlar a una persona de una manera tal que puede convertirlo en una víctima de sus maquinaciones y de su ego enfermizo, logrando que esa persona realice acciones como resultado de su confusión y distorsión de la realidad. En verdad no soy un juez para juzgar a nadie, ni siquiera creo que el manipulador sea una mala persona; es una víctima de su propio ego, el cual ha crecido de una manera tal, que ha tomado posesión de esa persona, dominándola por completo y obligándola a actuar de esa manera enfermiza y negativa.

Entiendo que la cura para el manipulador es la conciencia y la madurez, lo cual puede lograr mirando hacia su interior y entendiendo definitivamente que esa no es la mejor manera de pasar por la vida, anteponiendo su ego a la bondad y el amor que lleva dentro.

El difícil arte de la política (1)
14 abril, 2016

Ante acontecimientos de la actualidad política, me vino a la memoria una conversación que en el 2004 sostuvimos mi esposa Isabel y yo con el actual presidente de la República Dominicana, Danilo Medina Sánchez, en la cual nos estableció dos criterios que jamás he olvidado: "Que unas elecciones no se ganan nunca con las mismas personas" y "Que en política lo importante no es como tú te mires, sino cómo te miren los otros".

Esos pronunciamientos quizás en el momento no lo entendí a profundidad, sin embargo el tiempo me ha demostrado la gran sabiduría que encierran, ya que ciertamente nadie es imprescindible; puede ser importante y necesario en un proceso, pero si se detiene o abandona el espacio, enseguida es ocupado por uno de los muchos que están a la espera.

Lo mismo para los que entienden que se lo merecen todo, que su ego los lleva a verse como figuras que cualquier posición está a su altura, por lo que siempre aspiran a los más altos niveles de la jerarquía gubernamental.

Es posible que tengan muchos méritos, que hayan realizado grandes labores altruistas, que tengan muchos aportes políticos y sociales en su hoja de servicio, pero los que tienen el poder de decisión en ese momento lo ven de otra manera, por lo que sencillamente las expectativas se desvanecen, llegando a la decepción y posterior frustración.

En mis 4 décadas de actividad política he aprendido muchas cosas, aunque, como decía Sócrates, nunca sabes nada, siempre estás aprendiendo, por lo cual lo único que sabes es lo ignorante que eres.

Puedo decir que he aprendido algo y es que la sabiduría en política y en todo nace de la experiencia, no de que te atiborres de conocimientos, claro, no quiero decir que esto no ayude, aunque en realidad aprendes de lo que vives, de la experiencia, de los procesos, de las frustraciones, de las decepciones, de los triunfos y fracasos.

Los jóvenes que se inician en la labor política deben aprender un poco de esto, comprender que nunca pueden desesperarse, que cada fracaso es una experiencia, que deben escalar paso a paso, sin querer llegar a la cima por gravedad, sino subiendo peldaño a peldaño, estando claro, que muchas veces resbalaran y tendrán que iniciar de nuevo, siempre haciéndolo con mayor entusiasmo y aprendiendo de los errores, pues sólo de esta manera podrán hacer carrera política.

Lo que sí para mi es determinante en cualquiera que inicie una carrera política, es la coherencia, es el hacer todo el esfuerzo por ser firmes en las posiciones que adopten, ya que el cambiar continuamente de criterios le va creando una aureola de inestabilidad, de inseguridad y de poca confiabilidad, lo cual es muy decisivo para poder avanzar en ese difícil y complicado mundo de la política.

Esto no quiere decir que en situaciones específicas no pueda variar su posición, porque los procesos cuando terminan, sencillamente dan paso a otros, aunque mi experiencia me dice que antes de asumir una postura debe reflexionar, consultar con su corazón, analizar el alcance de la decisión que adoptará, y después que lo haga, mantenerse firme hasta el final de ese proceso. Es la única manera de formarse como un político con credibilidad.

En los saltarines políticos nadie cree, los pueden usar para causas momentáneas, pero nunca gozarán de la confianza de nadie, por eso mi humilde recomendación a los que participan en este difícil mundo de la política, es que traten de hacerlo con la mayor honestidad posible, siendo leales a las posiciones que asuman en circunstancias específicas y cuando entiendan que deben asumir otras posturas, también hacerlo de cara al sol, con trasparencia y sin ocultar nada.

El difícil arte de la política (2)
26 abril, 2016

Cuando escribí el artículo: "El difícil arte de la política ", no me imaginé que iba a provocar tantas reacciones, algunas negativas, aunque la gran mayoría de identificación y solidaridad con los conceptos esgrimidos y la argumentación general del mismo. En vista de esa situación, había prometido una segunda y quizás hasta una tercera y cuarta entregas sobre el tema.

En República Dominicana tenemos la particularidad que todos saben un poco de política y de pelota, cuando el equipo de su simpatía gana todo está bien, pero si pierda, enseguida se produce una andanada de cuestionamientos y críticas, llegando siempre a la conclusión de que la culpa fue del manager, porque no hizo lo que ellos entendían era la estrategia correcta. Lo mismo ocurre en política, campo en el cual tenemos decenas de miles de estrategas y politólogos, que entienden que sus puntos de vista son los correctos, aunque estén muy alejados de la realidad electoral, persistiendo en ellos, aunque por lo general hagan más daño que bien al candidato de su preferencia.

Siempre he dicho y repetido miles de veces que desde mi visión, la política es una ciencia, por lo que debemos ser capaces de analizar los hechos científicamente para poder llegar a conclusiones lo más cercanas a la realidad; en cambio, si partimos de una premisa subjetiva y personal de los acontecimientos, de manera lógica llegaremos a conclusiones erradas. Hay muchos "politólogos" que leen algunos libros sobre estrategia y política, queriendo enseguida traer por los moños situaciones que se dieron en otros contextos, a una realidad totalmente diferente.

En la actividad política hay que tomar como referencia el materialismo dialéctico, ésto, claro está, tomando en cuenta los cambios que en los últimos tiempos han venido predominando en los procesos electorales, específicamente en lo relativo al clientelismo y al pago y compra de votos. Al margen de esta realidad innegable y penosa a la vez, hay un aspecto fundamental que en definitiva es lo que le permite tener las informaciones obligatorias para poder manejar objetivamente el proceso en el que se enfrentan; me refiero a las mediciones o encuestas científicas.

La dialéctica aplicada a la política, no es más que actuar en base a la experiencia que el mismo proceso va aportando, en cual se debe ir evaluando y analizando los acontecimientos, para en base a esas evaluaciones ir replanteando la táctica siempre basada en una estrategia general. Por lo que es importante saber diferenciar la táctica de la estrategia, ya que la primera va cambiando de acuerdo a las situaciones que permanentemente se van presentando, mientras la estrategia siempre es una, con un objetivo final, que se va alimentando con la capacidad para adaptar las movidas tácticas que se van dando a cada momento. Eso es la dialéctica, elaborar una teoría y llevarla a la práctica, para luego comprobar su eficacia en la realidad y luego con esa experiencia volver a modificar esa teoría ante los nuevos acontecimientos.

Finalmente, quiero reiterar que por la experiencia que los años y el batallar en las lides políticas me han dado, he llegado a una simple conclusión, que es determinante para ganar un proceso electoral, fundamentar la campaña en planteamientos positivos, porque la campaña negativa, en contra del opositor y no a favor de tu candidato, siempre termina en resultados desastrosos y derrotas deprimentes. Por eso este tema será el objetivo de la próxima entrega.

El difícil arte de la política (3)
27 abril, 2016

En la actividad política es muy importante la teoría, pero como decía Karl Marx en el manifiesto del Partido Comunista, que un paso concreto es más importante que una docena de programas, por lo que establecía que el dogmatismo es un grave error que lleva a las personas a aferrarse a una doctrina como algo absoluto, sin aceptar cuestionamiento y creyendo en su teoría como una verdad definitiva.

Hago esta introducción porque hay muchas personas que incursionan en el mundo de la política y se leen algunos libros que luego quieren aplicarlos a circunstancias totalmente diferentes, siendo Maquiavelo, Sun Tzu, con El Arte de la Guerra, y Robert Greene, con Las 48 Leyes del Poder, los autores más leídos por los estudiosos de la ciencia política, pero que luego muchos no entienden la realidad para aplicar esas doctrinas, aunque otros lo asimilan y aplican correctamente en su carrera política.

Las 48 Leyes del Poder es un libro que fue escrito por Robert Greene y Joest Elffers en 1998, constituyéndose en una obra de consulta, no sólo para los políticos, sino para empresarios, profesionales, estudiantes y personas con simples inquietudes sobre cómo aprender algunas reglas para sobrevivir en este mundo tan difícil y conflictivo. Como estamos navegando sobre un proceso electoral, voy a tomar algunas de las leyes que considero de vital importancia y que pueden servir de plataforma para algunos aspirantes a cargos electivos:

Ley No 4: DIGA SIEMPRE MENOS DE LO NECESARIO. El político siempre debe ser ecuánime, sereno y apacible, evitando hablar demasiado, porque mientras más habla, las posibilidades de cometer algún error aumentan. Actúa y ejecuta con la boca cerrada.

Ley No 9: GANE A TRAVÉS DE SUS ACCIONES, NUNCA POR MEDIO DE ARGUMENTOS. Es importante obtener los objetivos con actuaciones, con acciones específicas, porque cuando logras algo por medio de demostrar tu superioridad teórica y capacidad de argumentar, lo que vas creando son personas resentidas, que buscarán el momento para cobrarse la humillación.

Ley No. 29: PLANIFIQUE SUS ACCIONES DE PRINCIPIO A FIN. Nunca improvise, siempre elabore un plan y trabaje en base a esa estrategia, aunque vaya modificándola sobre la marcha.

Ley No 35: DOMINE EL ARTE DE LA OPORTUNIDAD. Sea paciente y prudente, nunca quiera imponer las cosas cuando la coyuntura no le sea favorable.

Ley No 39: REVUELVA LAS AGUAS PARA ASEGURARSE UNA BUENA PESCA: Si el político logra que su adversario incurra en una actitud de ira y soberbia, tiene todas las de ganar, ya que cuando se pierde la cordura, la paciencia y la serenidad, simplemente estás derrotado.

Ley No. 19: SEPA CON QUIEN ESTA TRATANDO; NO OFENDA A LA PERSONA EQUIVOCADA. Esta ley, entiendo, es de suma importancia y con ella culmino estos ejemplos, ya que a veces el ser humano y el político en particular, normalmente sin necesidad, agrede a la persona equivocada, lo cual, aunque no lo entienda en ese momento, puede significar el fin de su carrera política. Siempre pienso en esta ley cuando voy a tomar alguna decisión que implique algún tipo de confrontación, lo que me ha dado excelentes resultados.

Para despedirme, y aunque no me voy a referir a esta ley, la primera de las 48, me limitaré a dejarla en el escenario para que los que tengan inquietudes, estudien sobre ella: Ley No 1: NUNCA LE HAGAS SOMBRA A TU AMO.

El proceso electoral y el lado positivo del fracaso
15 marzo, 2016

Todos los procesos electorales, sean primarias internas de los partidos o externos interpartidarios, tienen características particulares, elementos propios y únicos, que al tiempo todos tienen algo en común, y es el juego de los intereses, sean estos políticos, económicos o simplemente de ego.

Estamos enfrentando un proceso electoral muy complejo, ya que estarán en discusión no sólo la Presidencia de la República, sino miles de cargos congresuales y municipales, lo que implica un aumento significativo de la lucha de intereses y, por ende, una mayor complejidad para lograr esos objetivos.

En realidad he llegado a comprender la capacidad del ser humano para adecuarse a las circunstancias, desarrollando, en muchos casos, una gran capacidad de simulación e histrionismo, en algunas circunstancias con poses no del todo auténticas, pero que la misma crudeza de la lucha política los ha curado y permitido adaptarse a situaciones en contra de sus sentimientos.

Lo más difícil de estos procesos electorales es que, en muchos casos, te llevan a distanciarte de personas a las cuales puedes tener aprecio y cariño sincero, pero, al mismo tiempo, te acercas a otras cuyo único objetivo es manipularte para obtener determinados logros personales.

Ese es el riesgo que todo dirigente político debe asumir; la experiencia nos va enseñando a asimilar los golpes como un buen boxeador, entendiendo que siempre estás vulnerable a cualquier estocada mortal de quienes confías y a veces hasta llegas a querer con sentimientos, al margen del interés político.

El aspecto negativo es que momentánea o definitivamente los procesos políticos te pueden separar o distanciar de personas con sanos valores, disgregando amistades construidas en base a profundos sentimientos de gratitud, aunque a la vez pueden tener de positivo que te permiten conocer a quienes se te han acercado buscando beneficios personales, logrando, hasta cierto punto, manipularte y confundirte en cuanto a sus reales intenciones.

Como dice Maxwell, vamos siempre a buscar el lado positivo del fracaso, tratando de que al final quedemos con la menor cantidad de enemigos y, sobre todo, conocer más a fondo a los "amigos" del momento.

El poder del amor y la confianza
16 enero, 2018

La duración de una relación entre dos seres humanos, desde mi punto de vista, siempre estará sustentada en dos pilares fundamentales: El Amor y la Confianza. Aunque puedan incidir otros factores que motiven la prolongación en el tiempo de una relación, o sencillamente su culminación.

Todas las estadísticas indican que en nuestro País se produce un divorcio por cada dos matrimonios, estamos hablando de un 50%, lo cual deberá hacerse extensivo a las relaciones no oficializadas por la firma de un contrato matrimonial.

Cuando una relación tiene como eje central esas dos murallas; el Amor y la Confianza, las probabilidades de su consolidación y avance son mayores. Esto lo podemos confirmar de manera fácil, haciendo una encuesta entre las parejas que pasan de 20 y 30 años y todavía mantienen la supervivencia de esa unidad familiar.

En infinidad de ocasiones la rutina es la causante de que se entienda en situaciones determinadas, que el primer pilar, el Amor, haya desaparecido, cuando en realidad lo que está es sepultado debajo de los escombros de varias capas que le impiden respirar y actuar de manera libre, entusiasta y sobre todo con PASIÓN.

Eso ocurre muy a menudo y puede provocar rompimientos de parejas que todavía se aman, pero que han sido absorbidos por la rutina que impone una sociedad moldeada por los patrones de una tradición atrasada y discriminatoria. Claro que hay otros casos donde simplemente el Amor ha desaparecido, la química y empatía inicial se han esfumado y desaparecido para siempre.

Cuando el amor simplemente desaparece, todo el encanto se esfuma con él, eso al margen de que en esa relación todavía se mantenga el respeto, la confianza y hasta el cariño. Si no hay amor eso debe constituirse en el final de cualquier relación, ya que a partir de ahí podrá manifestarse el deber, la compasión y hasta algo de pena, pero nunca libertad y pasión.

El amor es la clave de toda relación, es lo que permite ceder, madurar, saber ponerse en el lugar del otro, ser solidario hasta el final y tener la capacidad de manejar situaciones negativas, con altos niveles de dificultades, sean económicas o por enfermedades. Por eso es tan importante sobreponerse a la rutina, ya que ella te puede llevar a dejar de cultivar el Amor, de la misma manera que se permite que una flor se marchite por falta de cuidado, atención y un seguimiento matizado por la sublimidad.

De la misma manera que por diversas razones se pierde o se piensa que desaparece el Amor, puede ocurrir con la Confianza, la cual es la madre de la comunicación y la solidaridad. Cuando se pierde la confianza, aún el amor no es suficiente para mantener una relación en el tiempo. Las embestidas de la vida harán añicos esa vinculación, sepultándola en un pasado revestido por el resentimiento.

La pérdida de la confianza en una relación provoca la desconfianza, los celos, el resentimiento, un manejo inapropiado del tema económico y por lo general todo termina en la infidelidad y posterior separación. Por eso además de amar es imprescindible la confianza, como única garantía de la existencia de una relación sana y sincera.

Todo esto es al margen de los conflictos cotidianos y naturales que siempre existirán en cualquier relación, lo cual es el mejor indicativo de que es una unidad real y propia de la naturaleza humana. Estamos hablando de personas que se unen con sus vicios, defectos y virtudes, con hábitos buenos y malos, por lo que esa unidad sólo se sostendrá con un manejo apropiado, pero sobre todo si se fundamenta en dos murallas sólidas y fuertes: EN EL PODER DEL AMOR Y LA CONFIANZA.

Capítulo V
Que la historia nos hable

Un mensaje a García
13 enero, 2018

"Un mensaje a García" fue un artículo que en 1899 escribió en una hora Robert Hubbard de manera improvisada, como una forma de llenar un espacio en la primera página de un pequeño periódico en Estados Unidos.

Ese artículo fue pasando de mano en mano y ya al comienzo de la Primera Guerra Mundial, se había distribuido de manera masiva entre los alemanes, españoles, turcos, chinos, franceses, italianos y en Estados Unidos, preparándose luego hasta una película para el cine, llegando en 1913 a distribuirse a más de 40 millones y traducido a todos los idiomas. Se convirtió en el escrito más publicado de un autor vivo hasta esa época.

Por considerarlo de interés reproducimos algunos párrafos de ese artículo, invitando al lector a que adquiera y lea la obra en su totalidad.

"Cuando comenzó la guerra entre España y Estados Unidos, era muy necesario el comunicarse con el líder de los insurgentes. El General García estaba en algún sitio de las densas montañas cubanas-pero nadie sabe donde. No sé podía usar el correo o telégrafo para llegar a él. El Presidente necesitaba su cooperación con urgencia."

¿Que se podía hacer? Alguien le dijo al Presidente, "Hay un tal Rowan que puede encontrar a García, si es que alguien puede".

"A Rowan se le requirió que fuera y se le dio una carta para que se la entregara a García. El tal Rowan tomó la carta, la selló en una cartuchería de cuero, se la amarró a su pecho sobre el corazón, en cuatro días desembarcó de noche en las costas de Cuba desde un pequeño bote, desapareció dentro de la jungla, y en tres semanas reapareció al otro lado de la isla, habiendo atravesado un país hostil a pie y como entregó la carta a García, no tengo interés en describir los detalles. El punto que quiero destacar es éste: El Presidente Mackinley le entregó a Rowan una carta para que se la llevará a García; Rowan tomó la carta y no preguntó. ¿Dénde está García".

"Por todo lo eterno; aquí está un hombre del cual se le debe erigir una estatua de bronce en cada Universidad y escuela. No es conocer los libros lo que necesitan nuestros estudiantes, ni conocer de esto o aquello, es endurecer su columna vertebral para que se les pueda confiar en su lealtad de actuar prontamente, que puedan concentrar sus energías: para que puedan hacer una cosa: Llevar un mensaje a García".

"No importa que los tiempos sean buenos, el procedimiento de selección sigue en todo su tiempo y la única diferencia es que, cuando las cosas están malas y el trabajo escasea, se hace la selección con más escrupulosidad, pero fuera, y para siempre tiene que ir el incompetente y el inservible. Por interés propio el Gerente tiene que quedarse con los mejores, con los que pueden llevar un Mensaje a García".

"Diríase que me he expresado con mucha dureza. Tal vez sí; pero cuando el mundo entero se ha entregado al descanso, yo quiero expresar una palabra de simpatía hacia el hombre que sale adelante en su empresa, hacia el hombre que, aún a pesar de sus grandes inconvenientes, ha sabido dirigir los esfuerzos de otros hombres y que, después del triunfo, resulta que no ha ganado más que su subsistencia".

"Mi simpatía va hacia el hombre que hace su trabajo tan bien cuando el superior está presente, como cuando está ausente. Y el hombre que al entregársele un Mensaje a García, tranquilamente toma la misiva, sin hacer preguntas idiotas, y sin intención de arrojarla a la primera alcantarilla que encuentre a su paso, o de hacer cosa que no sea entregarla a su destinatario. Ese hombre nunca queda sin trabajo, la civilización busca ansiosa, insistentemente, a esa clase de hombres."

"Cualquier cosa que ese hombre pida, la consigue. Se le necesita en toda la ciudad, en todo pueblo, en toda Villa, en toda oficina, tienda, fábrica y todo taller".

"EL MUNDO ENTERO LO SOLICITA A GRITOS, SE NECESITA Y SE NECESITA CON URGENCIA AL HOMBRE QUE PUEDA LLEVAR UN MENSAJE A GARCÍA".

De mi parte creo que es un mensaje que clama por un hombre o mujer, leal, digno, trabajador, con principios, y sobre todo, que le haga honor a una frase del mismo autor del artículo.

"No todos los patronos son rapaces y tiranos, ni todos los pobres son virtuosos".

Del Homo Sapiens a las redes sociales
14 noviembre, 2016

Las redes sociales, como expresión indiscutible de la revolución tecnológica, han llegado para establecer la diferencia y marcar el camino por donde andará el mundo en los próximos años. Lo que pasó en Egipto con Hosni Mubarak, en Inglaterra con el Brexit, en Colombia con el referéndum y ahora en Estados Unidos con el triunfo inesperado de Donald Trump, son el mejor testimonio del poder inimaginable de las redes sociales.

Las redes han demostrado que quien tiene el poder y la capacidad de trasmitir información, ese poder de la comunicación termina dominando e imponiéndose, aunque el adversario en ese momento aparente ser más fuerte y poderoso. Las redes han cambiado percepciones, ya sea utilizando medias verdades o simplemente realidades imaginadas, porque al final lo importante son los resultados.

Una pregunta que me había formulado toda la vida y, seguro también miles de personas en el mundo, es la razón que permitió que el Humo Sapiens fuera la raza humana que pudo subsistir en el tiempo, cuando había otras razas y en especial el Neandertal, con un cerebro igual, más fornidos, mejores cazadores y con mayor resistencia al frío. En el 2014, con una prueba de ADN, se comprobó que el humano actual sólo tiene menos de un 5% del Neandertal, por lo que se descarta un cruce entre ellos y el Sapiens, sino que en menor medida fueron asimilados por los Humo Sapiens.

Si todos estos humanos convivieron juntos, por qué el Sapiens tuvo el privilegio de imponerse y lograr la extinción de todos los demás; el homo solensis, hace 50 mil años; el homo dinisova un poco después, el Neandertal hace 30 mil años y el Homo de las flores (enanos) hace 12 mil años. El Homo Erectus, que duró 2 millones de años, también desapareció. ¿Por qué cuando llegaban los Sapiens los nativos se extinguían?

Yuval Noah Harari en su libro Sapiens, establece que la causa por la que el Sapiens conquistó el mundo fue por tener un lenguaje único, estableciendo que lograron imponerse y colonizar todo lo conocido por la aparición de maneras nuevas de pensar y comunicarse. Establece en su obra que la teoría más compartida es lo que aduce que mutaciones genéticas accidentales cambiaron las conexiones internas del cerebro, que permitió que pensaran de manera diferente y usaran un lenguaje nuevo.

"La cooperación social es nuestra clave para la supervivencia y reproducción, la capacidad para trasmitir información sobre cosas que no existen en absoluto. Sólo los Sapiens podían hablar de entidades que nunca habían visto, ni tocado, ni olido. Los mitos y la ficción le confirieron la capacidad de cooperar flexiblemente en gran número".

Desde hace 70 mil años, el Humo Sapiens desarrolló la capacidad de comunicación, información, cooperación y organización masiva, adquirió el poder para imponerse, no por la musculatura ni la fuerza, sino por la inteligencia que le permitió relacionarse a través de un lenguaje único.

Esto nos manifiesta una gran enseñanza, que en la época de la tecnología se impondrá el que tenga mayor capacidad de comunicación social. Las redes sociales son el mejor ejemplo de esta realidad, ya que permiten en un segundo comunicación con millones de personas, superando todos los medios y compañías poderosas de la comunicación con inversiones multimillonarias.

La revolución de la tecnología, que tiene su máxima expresión en las redes sociales, no es más que una continuación de la revolución cognoscitiva que inició el Homo Sapiens hace 70 mil años, lo cual será determinante para el control y dominio de la humanidad.

¡Qué tiempos aquellos!
14 octubre, 2015

En mis años de adolescencia, cuando no había internet ni celulares, la preocupación de la juventud era formar parte de los movimientos políticos revolucionarios y del sector cultural progresista, por lo que, para lograr el fortalecimiento ideológico y resistir los proyectiles almibarados de la burguesía, se hacía imprescindible leerse tres pequeñas obras: "Vivir como él, la historia de Nguyen Van Troi"; "Al pie del patíbulo", de Julies Fucik y " En memoria a Norman Bethune", de Mao Tse Tung.

Nguyen Van Troi fue hijo de campesinos vietnamitas, electricista de profesión, apresado y fusilado en 1964 por sus actividades patrióticas, retumbando a través del tiempo su frase momentos antes de morir: "Larga vida a Vietnam". Norman Bethune fue un médico cirujano canadiense, miembro del Partido Comunista de ese país, que fue como voluntario a China cuando esa nación sufría el infortunio de la invasión japonesa, donde realizó una labor de ayuda y servicio al pueblo chino en esas circunstancias: Fue tal su amor y desprendimiento por su labor altruista, que se olvidó de sí mismo y murió por una pequeña infección que luego se convirtió en mortal. En cambio, Julius Fucik fue un periodista checoslovaco, miembro del Partido Comunista, apresado por la Gestapo y luego fusilado en Berlín, logrando escribir en la prisión, a pesar de las torturas y chantajes, su libro "Al pie del patíbulo", el cual fue publicado en 70 idiomas, recibiendo en 1950, a título póstumo, el Premio Internacional de la Paz.

¡Qué tiempos aquellos! Los momentos libres eran aprovechados para participar en el fortalecimiento y desarrollo de los clubes culturales y en llevar un mensaje progresista y de avanzada a través de los grupos de poesía coreada. Todavía recuerdo cuando tenía 15 años, la interpretación en foros comunitarios y estudiantiles de la obra de Pedro Mir " Hay un país en el mundo".

¡Tiempos inolvidables aquellos! Antes de cumplir los 20 años, era necesario para mantenerse actualizado y participar de los debates en los diversos foros estudiantiles y barriales, haberse leído "El capital", de Marx, el manifiesto del partido comunista, el origen de la familia, La propiedad privada y el Estado, de Engels; Conceptos elementales del materialismo histórico, de la chilena Marta Harnecquer; así como "Principios elementales de filosofía", de Grorges. Pulitzer. Era vital también haber leído "Educación y lucha de clases", de Aníbal Ponce, aquel que dijo la frase inmortal: "Quien no es capaz de defender con la vida su opinión, no merece escribir".

Había otros libros obligatorios para graduarse de polemista de primera, como eran "Los diez días que estremecieron el mundo", de John Reed, sobre la revolución soviética de octubre de 1917; "La Nueva democracia y las cinco tesis filosóficas del comandante Mao"; "El Estado y la revolución", de Stalin; así como "Qué hacer?", "Un paso hacia adelante y dos pasos hacia atrás", y el "Imperialismo fase superior del capitalismo", de Vladimir Ulianov Lenin.

¡Qué tiempos aquellos!, en los cuales para escribir para un periódico clandestino o de un club teníamos que hacerlo a mano, o en una vieja máquina de escribir. Ahora todo es tecnológico; la modernidad ha cambiado totalmente la mentalidad de las nuevas generaciones; con un celular e internet todo está resuelto. Por ejemplo y sin poder sustraerme de esta realidad, en estos momentos escribo estas líneas en mi celular, para enviarla en unos segundos a la redacción de Costa Verde para su publicación.

¡Qué tiempos aquellos!

César Augusto, Virgilio y la Eneida:
por un periodismo apegado a la verdad
13 febrero, 2015

La Eneida es una epopeya latina escrita por Virgilio en el siglo 1 a. C., por encargo del emperador Augusto, con la finalidad de glorificar el imperio, atribuyéndole un origen mítico. Virgilio trabajó en esta obra por 10 años, desde el 19 al 29 antes de Cristo, aunque, según se ha dicho, en su lecho de muerte encargó quemar la obra, para desvincularse de la propaganda política que manipulaba Augusto.

En esta obra Virgilio narra cómo Eneas, príncipe troyano, escapó de la destrucción de Troya para fundar por designios de los dioses un nuevo reino en Italia, que sería Roma. Según la leyenda, Eneas se había alejado de su ruta por una tormenta en las costas italianas, llegando a una ciudad en construcción en la actual Túnez, y que luego se convertiría en Cartago, la cual estaba dirigida por la Reyna Dido, de origen fenicio, y que había llegado a ese lugar huyendo con sus seguidores del reino fenicio de Tira.

Eneas y Dido inician un romance, lo que alimentó en ésta la esperanza de que el príncipe troyano se convirtiese en su marido, lo cual no fue posible al recordarle los dioses que su designio era fundar un nuevo reino. Eneas entonces abandona a Dido, lo que hace que ésta, ofendida y deshonrada, se encarame en su pira funeraria y se apuñale con la misma espada que le había regalado Eneas. Esta fue la causa, según el encargo de Augusto a Virgilio, de todas las guerras entre el siglo 1 y 11 a.C., entre los descendientes romanos de Eneas y los cartagineses descendientes de Dido.

Esto es un reflejo de cómo se es capaz de manipular los hechos, la verdad y la historia desde el poder, de cómo se inventan mitos para servirle a intereses particulares, de cómo se tergiversa la realidad para complacer a sus amos por el simple hecho de estar subordinados económicamente. Los romanos no tenían nada que justificara la destrucción de Cartago, por lo que compran una pluma para que manipulara la historia y le diera la anhelada razón ideológica y cultural.

Desde mi punto de vista, el periodismo no puede tener sus fundamentos en esos criterios, ya que entiendo que esta es una actividad que consiste en recolectar, sintetizar, jerarquizar y publicar informaciones relativas a algo de la actualidad, creando una metodología adecuada para presentar ese tipo de información, siendo objetivos, buscando fuentes seguras y, por tanto, verificables para el lector.

El periodista es una persona que se dedica profesionalmente al periodismo, en cualquiera de sus formas, ya sea escrita, fotográfica, de radio, televisión o medios digitales. Su trabajo debe estar dirigido a temas de interés público, buscando contrastarlos, sintetizarlos, jerarquizarlos y publicarlos, recurriendo siempre a fuentes fiables y verificables.

Para mí, sencillamente, un buen periodista es quien es capaz de respetar, sobre todo, la verdad, que actúa con independencia y objetividad, que busca la información fidedigna y verificable y que tiene la vocación de actuar apegado a los principios morales y éticos que demandan una visión de profesionalidad acorde a sus funciones y responsabilidad ante la sociedad.

Para un César Augusto lograr la creación de un engendro distorsionador y manipulador de la historia como la Eneida, simplemente tenía que existir un Virgilio.

César y Ptolomeo: La gran diferencia
7 febrero, 2016

En el año 60 se constituyó el primer triunvirato en Roma, formado por Julio César, Pompeyo el Magno y Marco Lucinio Craso, el cual unificó tres grandes líderes y permitió la reunificación de la República Romana. Al poco tiempo Craso murió en guerra con los partos, lo que dejo la República bajo el liderazgo de Cesar y Pompeyo.

Julio César se concentró en la conquista de las Galias, consolidando la alianza con Pompeyo con el matrimonio de éste con su hija Julia. Mientras César se dedicaba a consolidar y ampliar su dominio en las Galias, Pompeyo ganaba popularidad entre los conservadores republicanos y el Senado, con su empresa en contra de los esclavos y, específicamente, en contra de Espartaco.

Instigados por Catón el joven, el Senado declara disuelto el ejército de César y lo conmina a regresar de inmediato a Roma, contando para esto con el apoyo de Pompeyo.

Al regresar de las Galias y cruzar el río Rubicon, Julio César pronuncia su célebre frase alea jacta est (La suerte está echada), dando con esto inicio a la segunda guerra civil de la República de Roma, que duró del 49 a.C al 45 a.C.

Al entrar a Roma con su ejército, Julio César es vitoreado por la población, provocando la huida de Pompeyo y posteriormente la estructuración por éste de un poderoso ejército, que enfrentó a César en Grecia, siendo Pompeyo derrotado en la famosa batalla de Farsalia.

Con los remanentes de su ejército, diezmado y en desbandada, Pompeyo huyó hacia Egipto, perseguido por César, país que se encontraba en guerra entre los hermanos Ptolomeo XIII y Cleopatra. Al llegar a Egipto y solicitar la colaboración de sus gobernantes, Pompeyo es asesinado por orden de Ptolomeo, por el mercenario romano y ex centurión Aquila.

Como una forma de congraciarse con César al llegar éste a Egipto, Ptolomeo lo espera con una bandeja, en la que se presentaba la cabeza de Pompeyo. Ante este panorama, se dice que Julio César estalló en lágrimas, por entender que un cónsul romano, con los méritos de Pompeyo, no merecía una muerte tan deshonrosa y, al mismo tiempo, por haber perdido la oportunidad de ofrecerle su perdón.

Luego de este triste acontecimiento, César enfrenta al ejército de Ptolomeo y la derrota, procediendo a entregarle el poder y la dirección de Egipto a quien luego fue su amante, la hermosa Cleopatra.

Este pasaje histórico nos demuestra lo grande que fue César, su honorabilidad y respeto para quien fue su principal adversario y enemigo político y militar. Pero, como César, hay que tener capacidad para perdonar y aún más, cuando el adversario tiene el valor y los méritos que adornaban a Pompeyo. Los grandes piensan siempre en grande, como César, y los mediocres siempre piensan en pequeño, como Ptolomeo, por lo que a la hora de hacer cualquier evaluación, esa es y siempre será la diferencia.

Victorias Pírricas
3 febrero, 2016

Pirro, de ascendencia griega, fue rey de Epiro, de Macedonia y Sicilia, caracterizándose por ser un guerrero constante, que vivió prácticamente toda su vida combatiendo en diferentes frentes, saliendo victorioso en la gran mayoría de sus batallas.

En el año 280 a.C decidió invadir a Italia, ignorando los consejos de su fiel y sabio asesor Cineas. Con 38 años de edad y un gran ejército compuesto por miles de infantes, jinetes, arqueros, hunderos y elefantes, tomó la determinación de intentar ocupar el territorio italiano.

En primera batalla contra los romanos, la de Heraclea, Pirro se ganó como aliados a los brucios, lucanos semnitas y varios súbditos romanos. En esta batalla ambos ejércitos tuvieron grandes bajas, aunque fue ganada por el rey griego Pirro, quien dijo, al contemplar esos resultados, que :"Otra victoria como esta, y tendré que regresar a Epiro sólo".

Cineas buscó la vía diplomática, pero por el alcance de sus peticiones los romanos no aceptaron su propuesta, lo que impulsó a Pirro a seguir adelante, llegando a 35 km de Roma y su avanzada a 9 km, para luego retirarse a Tarento y, un año después, librar contra las legiones romanas la batalla de Asculum, en la cual venció de nuevo a los romanos: A pesar de que sufrió de nuevo grandes bajas en su ejército, expresó: "Otra victoria como esta y estaré vencido".

Pirro continuó su empresa en Italia, para finalmente ser derrotado en el 275 a.C por los romanos en la batalla de Benevento, por lo que tuvo que retirarse y llegar un año después a Epiro con un ejército diezmado y en desbandada.

A partir de ese momento las victorias que se obtienen con grandes pérdidas, sacrificios humanos y materiales, se les comenzaron a llamar victorias pírricas. En estos tiempos cuando alguien consigue una posición en base a recursos y coyunturas favorables, sencillamente decimos que a veces hay sumas que restan y que se pierde ganando.

En definitiva, a veces se logran cosas que podemos decir, resumiendo su significado, que por el momento y las circunstancias que se presentaron, representan, victorias pírricas.

Como de costumbre, desde que sale una novela del escritor Paulo Cohelo, en este caso la titulada "La Espía", me dirijo a la Librería Cuesta para adquirirla. Junto a Osho, es mi escritor favorito y en mi pequeña librería están todas sus obras. Invito a todos a leer este ejemplar, que narra la vida de la enigmática Mata Haría, quien fue ejecutada por el gobierno francés, acusada de espionaje durante la Primera Guerra Mundial.

Mata Haría , días antes de ser ejecutada, escribió lo que es la base de esta novela: "No sé si el futuro se acordará de mí, pero, en caso de que eso suceda, que jamás me vean como una víctima, sino como alguien que dio pasos con coraje y pagó sin miedo el precio que debía pagar."

Cuando voy a comprar un libro tengo la costumbre de durar un par de horas en la librería, donde por mis manos pasan muchas obras, que, aunque no las compre, las reviso y leo algunos capítulos; así fue como me encontré con un libro que, aunque no lo adquirí, no me acuerdo del nombre ni de la autora, pero me encontré con una carta que me llamó la atención, la cual le tomé una foto con el celular. La voy a compartir con ustedes por el mensaje que tiene, principalmente para las madres y los papás.

"MI querida hija: Llevo un rato observando el suave ritmo de tu respiración mientras duermes. Contemplo tus ojos cerrados, el pacífico de tu rostro. Hace unos minutos, sentada frente a mis papeles, he sentido una creciente tristeza al revisar la jornada de hoy. No he logrado concentrarme por más tiempo en el trabajo; de modo que aquí me tienes, hablando contigo en silencio, despacio, mientras descansas.

Por la mañana te he regañado porque consideré que te vestías con lentitud, Luego, en el desayuno, te llamé torpe al ver los cereales desparramados, que recogí entre bufido. Cuando abrías la puerta para salir al colegio, te he despedido con un beso fugaz mientras te reprochaba ni saber cómo se mira un reloj. Tú me has sonreído dócilmente y me has dicho:

Adiós, mamá.

Por la tarde, mientras hacías ruido jugando con tus muñecos, impaciente te he pedido que dejases de hacer ruido y te he ordenado con tono de sargento:

Haz los deberes ahora mismo y deja de perder el tiempo. Por la noche yo continuaba ocupada con mi teléfono y te has acercado con paso vacilante.

-Mamá- me has llamado.

¡Qué pasa ahora! —resoplé creyéndome una víctima importante.

-¿Leemos un cuento?

¡Estoy trabajando!

Al verte inmóvil, junto a mí, he destruido el rescoldo de tus esperanzas diciéndote abruptamente:

—Tu cuarto continúa desordenado. ¿Cuántas veces tengo que decírtelo? ¡Vete a recogerlo ahora mismo!

Te alejaste cabizbaja hacia tu habitación, Al cabo de un rato has asomado la cabeza por la puerta.

¡Sigues aquí —— espeté enfadada.

Tú, sin decir palabra, te has acercado y, echándome los brazos al cuello, me has besado en la mejilla.

—¿Por qué me gritas tanto con lo que yo te quiero? — has dicho.

Y luego, tan silenciosamente como apareciste, te has marchado. Yo me he quedado durante un rato con la mirada fija, invadida por el remordimiento, preguntándome en qué momento del día he perdido la orientación y a qué precio. Tú no eres el origen o la causa de mi mal humor, solo eres una niña ocupada en la tarea de crecer mientras yo, derramada en un mundo de tareas de adulto, te he exigido soportar la alteración de mi carácter y mi falta de ternura. A pesar de todo, me has regalado un beso. Y ahora, al verte dormir, deseo que el día vuelva a empezar para ofrecerte una sonrisa en la mañana, una palabra de aliento por la tarde, un cuento antes de dormir y, sobre todo, para permitirme el lujo de disfrutar siendo tu mamá".

La verdad sobre el Tibet
19 octubre, 2016

Es mucho lo que normalmente oímos hablar sobre el Tibet y el líder espiritual Dalai Lama, que quiere decir "océano de sabiduría", ya que Dalai proviene de una palabra mongol que significa océano y Lama de una palabra del Tibet que quiere decir sabiduría, gurú y reencarnación. Su nombre real es Tenzin Gyatsi, y nació el 6 de Julio de 1935 en una zona campestre del Tibet.

El Tibet fue fundado en el año 127 a.C., y por estar situado en el centro de Asia, entre China, India, Mongolia y Nepal, los manchus lo llamaron un territorio tapón, lo que le permitía jugar un rol estratégico, que muchas veces sufrió invasiones de sus vecinos y otras veces jugó un rol de invasor y guerrero dentro de ese vasto territorio asiático.

A través del tiempo, el Tibet se convirtió en un país con una monarquía teocrática absolutista, seguidores del budismo, donde gobernaban los Lama, los cuales, según su tradición, se sucedían por reencarnación, siendo el actual Dalai Lama el décimo cuarto y último de esa generación. El Tibet se aisló del mundo y se dedicó a vivir una vida basada en la espiritualidad y el budismo.

Después del triunfo de la Revolución China en contra del Imperialismo japonés en 1949, dirigidos por el Partido Comunista y su guía Mao Zedong, en el 1950 los chinos deciden enviar 40 mil soldados del Ejército Popular de Liberación para invadir el Tibet, reclamando este territorio como una provincia China, la que ocuparon sin mucha dificultad por su superioridad militar.

DALAI LAMA

China de inmediato comenzó lo que llamó la negación de identidad de los tibetanos, secuestrando y enviando a su territorio miles de niños para adoctrinarlos bajo la cultura China, iniciando, al mismo tiempo, una campaña de represión y destrucción de los templos budistas, alegando que el comunismo y la religión no podían coexistir juntos. Ante esta situación y temiendo por su vida en 1959, el Dalai Lama huye con algunos de sus más cercanos colaboradores hacia la India, comenzando su vida de más de 55 años de exilio.

En 1963, el Dalai Lama con la diáspora tibetana promulga la constitución democrática del Tibet, declarando la formación en el exilio del Estado del Tibet e iniciando una lucha pacífica y diplomática por todo el mundo, para dar a conocer la verdadera realidad que viven los tibetanos y que los chinos se han encargado de distorsionar y esconder ante la humanidad.

Después de la invasión china en 1950, han sido asesinados más de un millón de tibetanos, creándose una especie de dictadura, basada en la persecución, torturas y eliminación de cualquier indicio de libertad. Los chinos trabajan para quitarle la identidad al Tibet, al punto que los tibetanos son menos de seis millones, mientras que los chinos sobrepasan los ocho millones. Esta mezcla de tibetanos y chinos va asimilando la cultura, religión e historia del Tibet por parte de China, sin embargo, el amor por su país y su identidad mantiene viva la antorcha de la lucha y resistencia de los habitantes del Tibet.

El Dalai Lama, al frente del gobierno en el exilio y la diáspora tibetana, ni un minuto, de su vida ha descansado para exigir la independencia y autonomía del Tibet, combatiendo el adefesio histórico de que su país es una parte del territorio chino, por lo que todos los 10 de marzo emite un discurso en el que deja plasmada su posición ante el mundo por la situación que atraviesan sus hermanos tibetanos.

El Dalai Lama recibió en 1989 el premio Nobel de la Paz, en el 2001 el premio internacional Jaime Brunei de la Universidad de Navarra y en el 2007 el Congreso de Estados Unidos le otorgó la medalla de oro. En el 2011 renunció a la jefatura del gobierno del Tibet, para dedicarse a ser su líder espiritual.

Es triste la situación por la que atraviesa ese aislado país, cercano al Himalaya, donde una potencia extranjera le ha robado su cultura, su libertad, su identidad y hasta su religión. Pero lo más penoso es que, por la influencia de esa potencia, ningún país del mundo se atreva a reconocerlo y darle el apoyo que se merece. Esperamos que algún día, y tengo la esperanza, se impondrá la justicia y en el Tibet de nuevo reinará la paz, la libertad, su cultura e identidad como nación independiente.

La Quinta Columna
18 noviembre, 2015

El término quinta columna se le atribuye al general Emilio Mola en una alocución radiofónica en 1936, en la Guerra Civil Española, cuando las tropas sublevadas falangistas marchaban hacia la capital de España, Madrid, después de producirse el golpe de Estado de las fuerzas derechistas-fascistas.

La guerra civil española duró 3 años, de 1936 a 1939, en la que se enfrentaron los simpatizantes de la República, que habían llegado al poder después de haber ganado las elecciones con un frente de los socialistas, populistas y comunistas, y las fuerzas falangistas, franquistas, fascistas y neo-nazis, que trataban de derrocarlos después de producir un golpe de Estado.

Esta guerra, que en principio parecía iba a durar poco tiempo, tomó un giro inesperado y se prolongó por 3 largos y sangrientos años, en los cuales murieron incontables ciudadanos españoles y de otros países al tomar parte en ella, los rusos a favor de los republicanos y los italianos y alemanes apoyando a las fuerzas golpistas.

Cuando las tropas golpistas avanzaban hacia Madrid con el general Emilio Mola a la cabeza, bajo su mando iban 4 columnas desde diferentes puntos del país, existiendo una quinta columna que funcionaba con simpatizantes del golpe de Estado, la cual trabajaba clandestinamente desde la capital a favor del bando golpista.

En la Segunda Guerra mundial se usó el término quinta columna para catalogar a los franceses, holandeses y noruegos, que desde sus países simpatizaban con los nazis y esperaban el triunfo de la Alemania hitleriana.

En estos tiempos se usa el término para definir cualquier confrontación, en la que un sector mantiene ciertas lealtades al bando enemigo, por motivos económicos o ideológicos. La quinta columna se ve como un conjunto de personas potencialmente desleales a la comunidad en que viven o militan, susceptibles de colaborar con el enemigo.

Al hablar de quinta columna, denunciamos la presencia de un elemento que conspira internamente en contra de un proyecto político, operando con un boicot soterrado al servicio de los designios de afuera, del contrincante, adversario y enemigo.

Balaguer un Dictador Ilustrado (1 de 3)
1 diciembre, 2015

Muchos podemos estar o no de acuerdo con el estilo de gobernar de Joaquín Balaguer, pero lo que no podemos obviar es su inconmensurable capacidad y su profunda sabiduría para entender y manejar situaciones con frases apropiadas al momento, generalmente en coyunturas electorales, las cuales expresaba como si fueran de su autoría, aunque en realidad no lo eran, aunque la mayoría de la población, por desconocimiento o ignorancia, entendía que eran propias de avezado escritor y político.

Entre esas frases usadas en algún momento por el dictador ilustrado, están: "Si quieres conocer a Miguelito, dale un carguito"; "La suerte está echada"; "El dardo de los partos";" A paso de vencedores"; y "La Constitución es un pedazo de papel". Veamos el origen de cada una de estas frases usurpadas por Balaguer.

"Si quieres conocer a Miguelito, dale un carguito", es una frase propia del refranero español y que originalmente dice: "Si quieres conocer a fulanito, dale un carguito". Se usa cuando en una persona se produce un cambio camaleónico, al ser ascendida de estatus, convirtiéndose en seres humanos despóticos, arrogantes y dañinos al ejercer el poder, después de haber vivido con un disfraz de humilde y sencillo antes de ejercer la posición.

"La suerte está echada", frase muy usada por Balaguer y que originalmente fue esgrimida por Julio César al cruzar el Rubicon, que era un río que en esos momentos servía de frontera a Roma con las Galias. Al cruzar el río, lo cual se consideraba ilegal por el Senado Romano, Julio César dijo unas palabras que han quedado grabadas en la historia: "Alea lacta est". La suerte está echada.

(Gráfica cortesía Wikipedia)

"El dardo de los partos". Esta frase fue usada por Balaguer al recibir la visita del asesor del Departamento de Estado de Estados Unidos, Michael Scott, quien le fue a plantear la fórmula para resolver la crisis del 1994, que resultó ser el recorte de dos años del período y con ello la reforma constitucional. Balaguer luego dijo que Scott, al pararse para irse, se devolvió y le tiró el dardo de los partos.

En ese momento todos se formulaban la pregunta, ¿Qué quiso decir Balaguer? Los que tenían un poco de conocimiento de historia, sabían que los partos fueron unos guerreros que vencieron a los romanos en la batalla de Carras, en la cual aniquilaron a más de 20 mil romanos y apresaron 10 mil. Esa batalla, que se libró en Carras, lo que hoy es Turquía, puso fin al triunvirato romano, y en la misma murió Marcos Lucivio Craso, y las tropas partas fueron comandadas por la guerrera Sureña, quien llevó un millar de camellos con miles de flechas.

Los partos, originarios de Partia, lo que hoy es Irán, eran unos guerreros que se caracterizaban por el dominio que tenían al montar los caballos. Cuando los romanos los perseguían, hacían creer que estaban huyendo y, mientras galopaban, el jinete daba vuelta y quedaba frente al ejército enemigo para dispararles sus dardos envenenados.

Balaguer un Dictador Ilustrado (2 de 3)

Como vimos en la entrega anterior, Joaquín Balaguer era un maestro para usar frases que se adaptaban perfectamente al momento que vivía el pueblo dominicano, asumiendo su autoría, siendo celebradas por sus seguidores y aceptadas por la mayoría de sus adversarios.

Entre esas frases usadas frecuentemente por Balaguer tenemos la siguiente: "A paso de vencederos", la cual es un pronunciamiento propio del general Antonio José de Sucre en la batalla de Ayacucho, en Perú, cuando combatía con un ejército español en el 1824.

Otras de las frases famosas del dictador ilustrado es ésta: "La Constitución es un pedazo de papel". La frase es original del rey de Prusia, Friedrich Wilhelm, quien había prometido que después de expulsar a Napoleón de Prusia dotaría al país de una constitución. Después de lograr su objetivo, se olvidó de su promesa y ante los reclamos de la población, le respondió de manera irónica: "Es que la constitución es un pedazo de papel".

Una de las frases más famosas del autor de la Isla al revés, la cual siempre usó en los procesos en los que buscaba un nuevo mandato presidencial, es la siguiente: "No se debe cambiar de caballo cuando se cruza el río". La expresión genuina es propia de un aldeano holandés y fue citada por Lincoln en un discurso cuando aceptó su segunda repostulación y originalmente decía: "No es bueno cambiar de caballo cuando se está vadeando el río".

Como podemos ver, Balaguer fue un mago del manejo de la palabra para insertarla en el momento apropiado, manipulando a una gran mayoría del pueblo dominicano por mucho tiempo;, a unos por ignorancia, otros por temor y algunos por conveniencia, pero, al final, aún después de su muerte, aquellos que tanto lo combatieron, se unificaron para declararlo el "padre de la democracia dominicana".

¡Cuánto sabía ese Balaguer!

Balaguer un dictador ilustrado (3 de 3)
4 diciembre, 2015

Sin lugar a dudas, Balaguer fue un personaje pintoresco, que manipuló a su antojo al pueblo dominicano, pero, como expresé en mis entregas anteriores, fue un sabio del cual todos hemos aprendido un poco, aun comprendiendo que la débil democracia dominicana le permitió gobernar amparado en períodos constitucionales, cuando en realidad lo hizo como un dictador ilustrado.

Es importante conocer cómo actuaba Balaguer y para eso voy a comenzar citando una de sus frases célebres: ” Yo soy un político desde la cabeza hasta los pies”. Esto resume el Balaguer que analizaremos, un político a tiempo completo, capaz de entender el momento y adaptarse a las circunstancias, seguidor de Maquiavelo y fiel intérprete de la 1ra de las 48 leyes del poder, de Robert Greene, que dice : “Nunca le hagas sombra a tu amo”. Por eso, cuando llega a palacio en la era de Trujillo, como él mismo narrara en una alocución, lo primero que hizo fue quitarse los “cojones” y guardarlos en un cuarto de la mansión presidencial, para luego de muerto el jefe, “buscarlos y ponérselos de nuevo. Carajo”.

Ése era Balaguer, paciente y oportuno, por eso, para justificar la reelección, en una ocasión dice lo siguiente: ” En cierto modo, yo soy un instrumento del destino”. Cuando lo citan para el caso de Orlando Martínez en 1995, se limita a decir: “Estoy ciego, sordo y mudo”. Pero cuando le cuestionan su ceguera para ser Presidente del país, responde con su tono burlón: “Pero es que yo no voy al palacio a ensartar agujas”.

En 1978, al perder las elecciones del PRD, en una alocución se refiere a sus seguidores que no querían entregar el poder, de la siguiente manera: "No lloren como mujeres lo que no supieron defender como hombres". Balaguer era impredecible, por lo que ante una crítica que le hizo Peña Gómez, su respuesta fue: "Se hizo pupú fuera del cajón". Lo mismo que a Fernando Álvarez, cuando amenazó con hablar de la corrupción de los 12 años, le dijo: "Si tocas esa tecla, se hunde".

Pero, al mismo tiempo, Balaguer tenía unas salidas ocurrentes y con cierto sentido del humor, como cuando una periodista de Univisión, durante una entrevista, le cuestionó la razón por la cual no se había casado; su respuesta no pudo ser más sorpresiva : "El hombre casado no puede levantarse por cualquier lado de la cama". Sus salidas, entre jocosas y sarcásticas, se pusieron de manifiesto al cuestionársele sobre los crímenes que cometía la Banda anti-comunista que azotó al país a principios de los 70, cuando respondió ante el cuestionamiento: "Es que son incontrolables". Lo mismo cuando se le preguntaba sobre la corrupción, su respuesta fue: "La corrupción se detiene en la puerta de mi despacho".

Amigo lector, fórmese usted su propio criterio sobre la figura de Joaquín Balaguer, quien, a pesar de los 12 años de dictadura ilustrada que vivimos los dominicanos, fue declarado por el Congreso Nacional, de manera unánime, por sus seguidores y adversarios de siempre: "El padre de la democracia dominicana".

"Los sueños, sueños son"
26 julio, 2016

En días pasados escribí un artículo acerca de los sueños de Pilarín, basado en una novela de la dominicana Abigaíl Mejía, escrita en 1925, en la que relata la vida de una niña de nombre Pilarín y lo controversial de su vida en España.

Al parecer, algunos seguidores de mis escritos, en ocasiones no interpretan adecuadamente lo que se esconde detrás de ellos, por lo que empiezan a hacer elucubraciones muy alejadas de mis reales intenciones; normalmente esto ocurre cuando no se despojan de los prejuicios y todo lo observan a través de un filtro que cubre su mente, y no desde su interior.

Al ver esa invalidez mental para entender las cosas, me vino a la mente el Soliloquio de Pedro Calderón de la Barca, extraordinario escritor español, nacido en el 1600 y fallecido en el 1681. Este Soliloquio es considerado el más famoso del drama español, en el cual, al final del primer acto, Segismundo piensa en la vida y en su suerte.

Yo sueño que estoy aquí, de estas prisiones encargado, y soñé que en otro estado más lisonjero me vi.

¿Qué es la vida? Un frenesí

¿Qué es la vida? Una ilusión, una sombra, una ficción, y el menor daño es pequeño: Que toda la vida es un sueño, y los sueños, sueños son.

Sueña Pilarín, porque, según Calderón de la Barca, "los sueños, sueños son".

Murió como Chacumbele
25 noviembre, 2016

El profesor Juan Bosch usaba con mucha frecuente esa frase: "Murió como Chacumbele", pero no es original de él, sino que ocurrió en los años 40 en la Habana, Cuba, en el cual se ven envuelto tres personas.

José Ramón Chacón Vélez fue un joven que emigró desde un pueblo cubano llamado Santa Cruz con su perrita Lolita hacia la Habana, donde ingresó a un circo estadounidense como malabarista.

En el circo se enamoró locamente de una joven húngara, con la cual mantenía una relación sentimental. En un momento que realizaba su trabajo con su perrita Lolita, alcanzó a ver a su novia abrazada y besándose con un moreno norteamericano que trabajaba en el circo. Ante el impacto pierde el equilibrio y cae al piso encima de la perrita, la cual muere pero José Ramón Chacón Vélez, que había cambiado su nombre por Chacumbele en el circo, logra salvar la vida, aunque con múltiples fracturas.

Chacumbele regresa a su pueblo natal, donde cojo y sin habilidades ingresa a la policía local, pero nostálgico y deprimido, al poco tiempo en el parque del pueblo, saca el revolver y se da un tiro que lo mata enseguida. Mientras tanto su novia la húngara, retorna a su país y es apresada y llevada a un campo de exterminio nazi. El negro americano vuelve a su tierra natal, Mississippi, donde es secuestrado por el Ku Klux Klan –KKK– por enamorar una mujer blanca y quemado vivo.

Como podemos comprender el término Chacumbele es sinónimo de las decisiones erradas que puede tomar una persona en cualquier momento de su vida, es asumir posiciones carentes de toda lógica, las cuales contradicen su actuación y comportamiento histórico, en resumen es olvidarse de su real situación para lanzarse ellos mismos al abismo.

Nuestro amigo Fernando Fernández está actuando como Chacumbele, destruyendo una carrera política por un primer tropiezo, asumiendo un papel de crítico con un nivel de ataques y adversidad con el Presidente Danilo Medina, como si fuera su peor contrincante y enemigo político. En verdad que Fernando debe estar lleno de odio y resentimientos para adoptar ese papel de verdugo ante la opinión pública de quien siempre fue su amigo, hermano, protector y mentor político.

Cuando el Presidente nombró a Fernando Fernández al frente de Aduanas, sin lugar a dudas que fue la mayor sorpresa en el Partido de la Liberación Dominicana, porque no le reconocían los méritos para tan alta distinción. Para mi no fue una sorpresa, porque siempre lo vi al lado de Danilo, junto a Carlos Pared y Cesar Prieto, sus asistentes cuando era Ministro de la Presidencia, su equipo político de mayor confianza.

Danilo a pesar de las criticas de todos los sectores de la población y sobre todo a lo interno del PLD, lo mantuvo por 4 años como Director de Aduanas. Inclusive era un grito a voces que era considerado el funcionario con mayor nivel de rechazo no sólo en la población, sino entre los empleados y el PLD, por lo que si el Presidente se vio precisado a destituirlo fue por razones muy poderosas y que sólo él conoce.

Como es natural en estos casos, púes ya tenemos varios, los funcionarios con gran apego a las posiciones y que se llegan a creer que son feudos de su propiedad, cuando son movidos, siempre asumen un papel de victimas, pasando a criticar lo que ellos mismos realizaban, ser funcionarios prepotentes, inaccesibles y desconectados totalmente de la estructura partidaria.

Este es el mejor ejemplo para que muchos funcionarios que tienen un perfil parecido al amigo Fernando Fernández, entiendan que las posiciones gubernamentales no son personales, ni propiedad privada, ni feudos, ni colmados, ni fincas de nadie, sino posiciones transitorias, a donde usted debe ir a servir, contribuyendo de ésta manera con el Gobierno y el Presidente a fortalecer la institucionalidad en todos los ordenes.

En caso contrario podrá disfrutar de las mieles del poder por un tiempo, olvidándose de las grandes mayorías de la población, pero su destino al final, irremediablemente será el de morir como CHACUMBELE.

Capítulo VI
Danilo Medina
y temas constitucionales

El Tribunal Constitucional y su impacto social
24 junio, 2017

El Tribunal Constitucional creado en diciembre del 2011 en nuestro País, sin lugar a dudas ha jugado un papel trascendental a favor de los sectores más débiles y desprotegidos del país, lo que, indiscutiblemente, dejará huellas grabadas en el corazón de todos aquellos que trabajan para la creación de una sociedad más justa y humana.

Aunque la función principal del Tribunal Constitucional es la de ser un garante de la Constitución ante los demás poderes del Estado, actuando como una sombrilla protectora, interpretando y garantizando la supremacía de la Carta Magna y, al mismo tiempo, actuando como órgano de cierre en los temas constitucionales. Además de estas funciones, constituye un freno para cualquier institución que quiera actuar con acciones injustas por medios del poder, protegiendo siempre los derechos fundamentales.

El Tribunal Constitucional es un órgano jurisdiccional y de naturaleza jurídico- político, que actúa revestido, además, del derecho, de una profunda sensibilidad social, al servicio de los sectores más vulnerables y pobres de la sociedad, que por diversas razones no tienen quien asuma su defensa en determinadas circunstancias. Desde mi punto de vista, el Tribunal Constitucional, dirigido por el prestigioso constitucionalista Milton Ray Guevara, ha cumplido con esa parte social y humana.

Para fundamentar este criterio voy a citar algunas de las sentencias en esa dirección y que, desde mi humilde visión, enaltecen ese órgano, que componen distinguidos juristas que honran nuestro país. Veamos esas sentencias:

1ra. TC/0058/13. Prohibición de expulsar, en el transcurso del año escolar, a los niños, niñas y adolescentes de los centros educativos por falta de pago de los padres.

2do. TC/0070/15. Declaró inconstitucional el artículo 35 de la ley número 1306-BIS, que establecía que la mujer no podía contraer matrimonio sino cuando hubiesen pasado 10 meses.

3ro. TC/0159/13. Existe una discriminación positiva en la ley 12-00 en lo relativo a la nominación de candidatos, exigiendo una proporción mínima de un 33% de mujeres en la participación política.

5to. TC/0027/13. Aun tratándose de un condenado a penas privativas de libertad, no puede ser mantenido soportando de por vida el fardo de antecedentes penales destacados en el registro de acceso público, lo que constituye un serio obstáculo para el ejercicio de prerrogativas ciudadanas, en especial el derecho a no ser discriminado.

6to. TC/0068/13. Las normas relativas al debido proceso se aplican a toda clase de actuaciones judiciales y administrativas, de conformidad con el artículo 69, numeral 10 de la Constitución Dominicana.

6to. TC/0049/. Los sistemas de abastecimiento de agua potable son considerados parte integral de los servicios de salud que los Estados tienen que proporcionar a toda la sociedad, bajo el entendido que es un recurso natural limitado y un bien público fundamental para la vida y la salud.

7mo. TC/0169/15. La ley 200-04 no requiere un interés legítimo del ciudadano para acceder a información pública.

8vo. TC/0012/. Garantiza que los concubinos puedan acceder a la misma protección jurídica que los casados.

9no. TC/0027/16. Esposa de militar fallecido le corresponde recibir derecho adquirido de la pensión.

10mo. TC/0482/16. Impedir el acceso al agua de un condominio, por deuda de mantenimiento, es arbitrario e ilegal.

Estos son solos algunos ejemplos de decenas de sentencias dirigidas en esa misma dirección, en defensa y protección de las personas más vulnerables, con un claro y definido criterio social, humano y de justicia. Esa es la parte del Tribunal Constitucional que entiendo debe ser más proyectada, para que todos los ciudadanos estén conscientes que tienen un órgano con la fuerza legal y capacidad constitucional de ampararlos y proteger sus derechos ciudadanos y constitucionales.

El Tribunal Constitucional
y los desacatos a sus sentencias
28 julio, 2016

El Consejo Nacional de la Magistratura, dando cumplimiento a la Constitución del 2010, en diciembre del 2011 pasó a constituir lo que se ha llamado las altas cortes y, en especial, desde mi punto de vista, el más relevante de estos órganos: el Tribunal Constitucional.

Entiendo que todavía en el país no hay una clara comprensión del rol que juega el Tribunal Constitucional, como máximo intérprete de la Constitución y órgano de cierre, en el cual las sentencias son definitivas, inapelables y vinculantes a todos los poderes del Estado.

A los 4 años y medio de haber nacido el Tribunal Constitucional, ya ha producido más de mil sentencias, las cuales abarcan una gama extremadamente amplia de situaciones, lo que ha permitido agigantar la institucionalidad del país, porque esa diversidad de precedentes es como una sombrilla protectora del ciudadano dominicano.

Este órgano garante de nuestra Constitución está compuesto por 13 honorables jueces, timoneado por un experimentado jurista y constitucionalista, con experiencia no sólo en esta área, sino en el ámbito político y legislativo, sobre todo, por su capacidad administrativa y gerencial, lo cual ha contribuido a que por primera vez nuestra Constitución ocupe un lugar preponderante en la sociedad.

Entiendo, como un simple ciudadano, que hasta el momento el Tribunal Constitucional ha sobrepasado las expectativas que se tenían sobre él, pero que todavía se necesita trabajar para elevar el nivel de conciencia en relación al papel que esta importante entidad realiza en el país, lo cual he podido comprobar por conversaciones que con diferentes sectores he tenido sobre el tema.

Por ejemplo, y es quizás lo que como ciudadano más me preocupa, la actitud de no asumir como vinculantes algunas sentencias del Tribunal Constitucional, lo cual es conocido como desacato a las mismas. En mi condición de funcionario público, voy a referirme específicamente a dos casos relacionados con la institución que dirigimos, cuyas decisiones del Tribunal Constitucional no han sido acatadas, nos referimos a las sentencias sobre el certificado de no antecedentes penales y la de incautación de vehículos de motor por parte de Amet y la Policía.

En ambos casos esas sentencias están siendo desacatadas, ya que el certificado de buena conducta le está siendo negado a ciudadanos por simples casos de infracciones de tránsito, cuando el Tribunal Constitucional estableció mediante en una sentencia, que esto sólo sería posible cuando existiera una sentencia dictada por un tribunal competente, y esas fiscalizaciones son administrativas y en la mayoría de los casos injustas, arbitrarias e ilegales.

El otro caso es el relativo a la incautación de vehículos de motor por parte de Amet y la Policía, el cual el Tribunal Constitucional, mediante sentencia definió de manera muy clara y precisa, en cuáles casos se podría proceder a realizar las retenciones de vehículos, los cuales están consignados en la ley 241. Sin embargo, esto ha sido obviado, reteniendo vehículos por simple contravenciones de tránsito, que no entran en lo estipulado por la ley y que fueron recogidas en una sentencia por el Tribunal Constitucional.

Me he referido simplemente a estos dos casos por estar vinculados a la institución que dirigimos, por lo que estoy seguro que si se profundiza y generaliza la investigación, encontraremos una gran cantidad de desacatos que están en idénticas situaciones.

Entiendo, desde mi humilde punto de vista, que el Tribunal Constitucional debe establecer un mecanismo fiscalizador para impedir que se sigan produciendo desacatos a sus sentencias, porque no siempre el interesado, por diversas razones, le da seguimiento al recurso que ha interpuesto ante el Tribunal Constitucional.

Es una propuesta que hacemos como un simple ciudadano, con el único interés de contribuir a fortalecer el órgano con facultad de interpretar la Constitución y de controlar los demás poderes del Estado, lo cual impone que sus sentencias deben ser acatadas por todos, sin importar el lugar que ocupen en la sociedad.

Danilo Medina: Un ser sensible y solidario
25 junio, 2017

El pasado viernes 23 de junio participé de un encuentro con el presidente Danilo Medina, en el cual el tema central fue el INTRANT, pero en esta ocasión no me referiré a lo que allí se trató, ya que no soy vocero autorizado para manifestar ese tipo de informaciones, sino a otro aspecto que tiene que ver con el estado anímico del primer mandatario.

Después de iniciadas las investigaciones sobre el caso Odebrecht, sectores radicalizados, fanatizados y llenos de odio hacia el Presidente, han puesto a circular diversos rumores que tienen que ver con la salud y el estado de ánimo de éste, aduciendo un supuesto debilitamiento físico, que según ellos refleja una extrema delgadez y un aspecto que anuncia un inminente colapso fisiológico.

Esos personajes, que respiran un odio visceral hacia el Presidente, quieren presentar ante la opinión pública que el caso Odebrecht, así como otros que en estos momentos están en la justicia, afectan significativamente al primer mandatario, como una manera de tratar de crear la percepción de su vinculación con esos casos de corrupción.

Hay otros más directos que no pierden la oportunidad para atacar al Presidente, aunque hagan el ridículo, como fue el caso de un grupo de "intelectuales" que llegó al atrevimiento de solicitar la renuncia del jefe de Estado, sin importarle que con ello estén propiciando el rompimiento del orden constitucional. Claro, que con esto lo único que han hecho es jugar un papelazo en la sociedad.

En realidad, el motivo de este artículo es haber observado la gran diferencia en los hechos, entre lo que dicen esos sectores opositores y el verdadero estado de ánimo del Presidente. En todos los años que tengo tratando Danilo Medina, que son muchos, no recuerdo haberlo encontrado en mejor estado anímico.

Durante todo el encuentro el Presidente, lució tranquilo, relajado, risueño, muy conversador, interrumpiendo con chistes algunas conversaciones. Ningún rastro de amargura, melancolía y estado de ánimo depresivo y, además, nada de ansiedad y mal humor. No sé de dónde estos personajes inventan esas historias para denostar al primer mandatario.

El Presidente ha sido coherente con sus pronunciamientos del 27 de febrero, que la justicia actúe y lleve este proceso hasta las últimas consecuencias, caiga quien caiga y sin vacas sagradas. Ese día reafirme mis criterios de que el Presidente saldrá fortalecido de esta situación y los sectores que han querido pescar en río revuelto quedarán aislados y rechazados por la sociedad, porque la verdad florecerá y dejará al descubierto sus propósitos malsanos y dañinos en relación al compañero Danilo Medina.

Los responsables que paguen ante la justicia sus acciones desdeñables y corruptas, sin importar el nivel político y económico que puedan tener en el país. El Presidente, como lo ha establecido, se mantendrá al margen, dejando que sea la justicia que investigue y determine las culpabilidades e inocencias en el caso Odebrecht y cualquier otro que indique indicios de corrupción.

Estoy convencido de que seguiremos viendo un Presidente tranquilo, sereno, seguro de sí mismo, relajado y con un excelente estado de ánimo. Adelante presidente Danilo Medina, sus obras y acciones a favor de los más desposeídos son su mejor carta de presentación, lo que lo convierte en una persona tenaz e inexpugnable, y a la vez en un ser sensible y solidario.

Estamos con usted, Presidente
8 marzo, 2017

En este artículo no pretendo hacer una explicación teórica sobre el caso Odebrecht, ampliamente conocido por toda la sociedad, sino tocar algunos puntos que entiendo neurálgicos y que podrían desviar el aspecto fundamental hacia una aventura que repercuta negativamente en el país y cause daños irreparables a nuestro sistema democrático.

Todos estamos de acuerdo en que es imprescindible que este caso se esclarezca y se llegue hasta el final, sin importar quienes estén involucrados. Para eso sólo tenemos que esperar hasta el mes de mayo, cuando las autoridades de Brasil ofrecerán los nombres de todo aquel que recibió sobornos, lo cual nadie podrá encubrir, si ese es el temor, porque la denuncia se originará de un país que no es el nuestro.

Además, el propio presidente Danilo Medina es el primero que ha manifestado que está en esa dirección, colocándose en el mayor interesado en que la verdad salga a relucir y que a los responsables se les aplique todo el peso de la ley. Aunque muchos quieran tomar la posición del Presidente como una evasiva sin haber una real determinación, siento decirles que están muy equivocados, porque, los que conocemos al jefe de Estado estamos convencidos que es un ser humano valiente y responsable, que actúa por convicción, no por deseos ni presiones externas.

Tengo que admitir, y en este caso me coloco como un ciudadano normal, que el Procurador General de la Republica, ha cometido algunos errores en el manejo de los interrogatorios, que ha permitido que se creen dudas, por la selectividad con que los realiza y por por el hecho de no asesorarse de buenos penalistas para el acuerdo de homologación con Odebrecht, sino de un excelente abogado, pero, en el área del derecho constitucional, ha permitido que la sociedad no lo asuma con la madurez que amerita el caso.

Al margen de todo esto, por el hecho de enfrentar un caso tan complejo, es normal que se produzcan algunos errores procedimentales, que son por inexperiencia y no por un marcado propósito de ocultar la verdad, lo cual no es un real motivo para descalificar y desacreditar todo el proceso y llegar al punto de querer enlodar al presidente Danilo Medina.

Inclusive, nuestro Presidente ha actuado como un verdadero demócrata, reconociendo el derecho que tienen los diversos sectores sociales de manifestarse y exigir el cese de la impunidad, coincidiendo con esas demandas y su disposición de garantizar que se llegará hasta el final sin importar quienes estén involucrados. Recuerdo una frase del Presidente que manifestó en un Consejo de Gobierno:" Si tengo que terminar este periodo sin amigos, lo haré". Al referirse a que el funcionario que se involucrara en actos de corrupción, pagaría las consecuencias, sin importar su investidura.

Lo más preocupante de este proceso que estamos viviendo y que se ha convertido en el tema número uno de debates, en todos los foros, desde las guaguas y carros de concho, hasta las salas más encumbradas de la oligarquía criolla, es el rumbo de distorsión que sectores de la oposición han querido darle, para involucrar al presidente Danilo Medina.

Al parecer, a estos sectores no les interesa el esclarecimiento real del caso y el cese de la impunidad, sino crear una crisis de ingobernabilidad, promoviendo una aventura que está llamada al fracaso desde el principio, que es la de pedir la renuncia del Presidente. Un mandatario que fue electo con la votación más alta en nuestro país, por lo que tiene un nivel de legitimidad como no lo ha tenido nadie nunca jamás.

A esos aventureros quiero decirles que el caso de Odebrecht será esclarecido en su momento, que somos de opinión de que se utilicen todos los mecanismos que la Constitución permite para este tipo de protestas. Que nos solidarizamos con el movimiento verde de exigir que termine la corrupción y la impunidad, pero que estaremos atentos a aquellos que quieren utilizar este movimiento de masas, justo, legítimo y sano, para promover acciones desestabilizadoras y conspirativas.

Finalmente, quiero formular la pregunta: ¿Quién sale ganando con una crisis institucional que afecte al país? Entiendo que nadie, ni desde el más humilde de los dominicanos hasta el de mayor nivel económico. Todos perdemos, unos más que otros, pero nadie obtiene ninguna ganancia, por lo que sólo el país se perjudica. Continúen con su movimiento verde, por el camino de la lucha en contra de la corrupción y la impunidad, pero no permitan que aventureros políticos y económicos lo usen para tratar de enlodar al Presidente.

ESTAMOS CON USTED, PRESIDENTE.

Todos a asumir la agenda del presidente¡
11 noviembre, 2017

Ningún funcionario del gobierno que encabeza Danilo Medina Sánchez debe tener una agenda particular, por lo que todos, sin excepción, debemos asumir la agenda del Presidente, en cualquier circunstancia, sin importar el trabajo, sacrificio y esfuerzo que pueda implicar.

Siendo justo, y al margen de los vínculos personales que puedan existir, hay que reconocer que en la actual coyuntura, el ministro administrativo de la Presidencia, José Ramón Peralta, ha asumido, de manera magistral, la labor de vocero autorizado del presidente Danilo Medina, en cuya tarea destaca los logros del Gobierno en las diversas áreas económicas, políticas y sociales, así como en temas delicados, que ameritan un alto nivel de visión de Estado.

El ministro Peralta ha podido jugar ese rol, sencillamente porque no tiene una agenda particular ni personal, sino que la suya es la del Presidente y el Gobierno.

José Ramón Peralta, desde mi humilde opinión, sin proponérselo, se ha ido convirtiendo en un funcionario soporte de las estructuras partidarias danilistas, de esos seguidores ortodoxos del Presidente, que siempre han estado a su lado y nunca lo han abandonado.

El ministro Peralta ha interpretado correctamente algo que muchos no han entendido, lo cual podemos resumir en el criterio de que una cosa es el equipo del Presidente, en sentido general, y otra cosa muy diferente son aquellos dirigentes vinculados por años a éste, lo cual, en mil batallas, ha generado una vinculación tan estrecha que sólo el Presidente comprende.

Claro, que para hacer conciencia de esta realidad, hay que desprenderse de criterios mezquinos, sectarios y, sobre todo, tener plena y absoluta fidelidad al líder Presidente.

En estos momentos el ministro Peralta es quien mejor está interpretando y ejecutando la agenda presidencial, lo que no implica que no hayan otros funcionarios que también actúan bajo estos preceptos y visión del Presidente, como es el caso del ministro de lo Interior y Policía, Carlos Amarante Baret, quien siempre ha sido un promotor de la agenda presidencial y un protector de las bases danilistas.

Ojalá la actuación de estos ministros sirva de ejemplo para quienes persisten en mantener agendas particulares, lo que en muchas ocasiones afecta la imagen del propio Presidente, ya que al no ejecutar sus disposiciones ni asumir como propios sus compromisos y promesas, permiten que se forme una imagen distorsionada de la realidad, en la que ciudadanos reaccionan de manera negativa por el incumplimiento de obras que el Presidente entiende fueron ejecutadas por quienes delegó para su materialización.

Todo esto se corrige en la medida que comprendamos que no hay agendas particulares, sino una sola: La agenda del Presidente.

Bien por Yomaira y Peralta
27 julio, 2017

Las acciones asumidas por la presidenta de la Cámara de Diputados, Lucía Medina, y del ministro administrativo de la Presidencia, José Ramón Peralta, por difamación e injuria en contra del comunicador Salvador Holguín y del coordinador del Frente Agropecuario del PRM, Leonardo Faña, constituyen dos acontecimientos que de seguro crearán un precedente en nuestro país, porque se trata de pronunciamientos que afectan la moral, la conducta y el nombre de ciudadanos.

Lucía Medina, a quien cariñosamente llamamos, Yomaira, es hermana del presidente Danilo Medina y actual presidenta de la Cámara de Diputados, posición que ostenta no por el vínculo familiar con el primer mandatario, sino por méritos propios, ya que tenía muchos años siendo vicepresidenta de ese hemiciclo, así como varios períodos como legisladora, siendo, en el último proceso electoral, la diputada más votada de los 190 que componen el hemiciclo.

En realidad a Yomaira, como a su esposo Edgar y a sus hijos, tanto a mí como a mi esposa Isabel Bonilla, nos unen estrechos lazos de amistad, lo cual se remonta a muchos años. Recuerdo que en una ocasión, cuando Yomaira iba a lanzar su candidatura a diputada en San Juan de la Maguana, Isabel tuvo que trasladarse desde Rio San Juan a esa ciudad sureña para ser la presentadora oficial de su candidatura. Conocemos a fondo a esa familia, tanto de Yomaira como de Edgar el respeto de que gozan, su honorabilidad, la unidad familiar que los caracteriza y el amor que rodea ese matrimonio.

Por eso sentí un gran dolor y pena al tener que ver a Yomaira en los tribunales defendiendo el honor y la honra de su familia, pero tenía que hacerlo, para además de la defensa de sus valores familiares, sembrar un precedente, para evitar que cualquier personaje, por el hecho de manejar un medio de comunicación y tener un micrófono a su disposición, entienda que tiene luz verde para agredir, difamar y mancillar la dignidad de cualquier ser humano, sobre todo la de una dama distinguida y honorable.

La condena en Primera Instancia del comunicador Salvador Holguín, al pago de 7 millones de indemnización, por difamación e injuria, es un excelente ejemplo para aquellos que entienden tienen el poder de enlodar reputaciones, sin ser afectados por nuestras leyes, por el simple hecho de estar revestido de una coraza protectora que le otorga su condición de comunicador o periodista. También es una alerta para los que usan las redes sociales como un medio para despotricar, con calumnias y falacias y sin tener ningún elemento de prueba.

El otro caso que desde mi punto de vista constituye un precedente para los que utilizan las calumnias y difamaciones para dañar reputaciones, es el de Leonardo Faña, coordinador agropecuario del PRM, quien ha acusado al ministro Administrativo de la Presidencia, José Ramón Peralta, de dirigir una supuesta mafia que se dedica a las importaciones, amparándose en su condición de funcionario público.

La respuesta del ministro Peralta ha sido la de someterlo a la justicia por difamación e injuria, para que demuestre ante los tribunales las temerarias acusaciones que públicamente ha hecho en su contra. De seguro Faña no podrá mostrar ninguna prueba, porque el ministro Peralta es un empresario de toda la vida, que lo era antes de ser parte del Gobierno del presidente Danilo Medina, caracterizándose siempre por ser un hombre correcto y de reconocida trayectoria honorabilidad.

Leonardo Faña, al igual que el comunicador Salvador Holguín, será condenado por los tribunales por difamación e injuria, por el simple hecho de actuar por cuestiones políticas, sin tomar en cuenta los daños morales y familiares que este tipo de declaraciones provocan a la sociedad.

Estos dos ejemplos, desde mi punto de vista, se convertirán en precedentes para que todos aquellos que tengan una marcada tendencia a la difamación, ya sea desde un medio de comunicación, o desde las redes sociales, piensen un poco antes de pasar a este tipo de acciones, sin tener los elementos probatorios que puedan avalar sus comentarios.

Entiendo que Yomaira y Peralta, al asumir valientemente estas acciones, les están haciendo un gran favor a todos los dominicanos honestos y honorables y una advertencia a los que creen que pueden difamar sin consecuencias.

La historia del sapo
19 marzo, 2017

El sábado 18 de marzo leí un artículo del escritor e intelectual dominicano Andrés L Mateo en uno de nuestros diarios digitales, que tituló: "Danilo y el cuento del Sapo", en el que trata de hacer un símil con lo que él llama un cuento de su infancia y la situación de Odebrecht y las declaraciones de Gilberto Silva.

Siempre he sentido un gran respeto por Andrés L. Mateo, tanto como escritor, articulista e intelectual, pero entiendo que en esta ocasión bajó su nivel tanto, que se acerca a un activista radicalizado, que ha perdido la ecuanimidad, el respeto y, sobre todo, la capacidad de mantener el equilibrio, para que una persona de sus condiciones mantenga el respeto, el cariño y la consideración de un pueblo que por mucho tiempo le ha venido dando seguimiento.

Y no me refiero al derecho que tiene como ser humano de expresar sus criterios y establecer sus escritos desde su visión, sino al hecho de que él representa un legado para los jóvenes escritores y periodistas, en relación a la delicadeza con que deben tratarse ciertos temas y más cuando está de por medio el Presidente de nuestro país. A cualquier otra persona, sin cultura y conocimientos, se le podría pasar por alto, pero no a Andrés L. Mateo.

Cuando queremos dejar en la mente de los lectores un mensaje positivo, usando un relato o cuento, desde mi humilde punto de vista creo que debemos generalizar, para que cada quien se forme su propio criterio y llegue a sus propias conclusiones. Pero cuando usamos un relato y lo adaptamos a una persona específica, indudablemente lo estamos utilizando con un marcado propósito de odio, resentimiento y parcialidad.

Cuando Andrés L Mateo trata de una manera insustancial de ligar este relato a Danilo y Odebrecht, denota una carencia de ética, acudiendo a un sapo astuto, que pide que lo lancen al fuego, para definitivamente confundir y ser dejado libre en el pantano. En verdad no comprendo hasta dónde es que estos llamados intelectuales quieren llegar, porque a los de nivel inferior hasta se lo podemos perdonar cuando incurren en esas acciones inconscientes.

Voy a aprovechar la ocasión para narrarle un cuento, que se refiere a sapos, pero con una visión positiva. Se llama "La historia del Sapo".

Existía un país de sapos, donde se realizaba una carrera, cuyo objetivo era llegar a la cima de una alta torre. Los sapos comenzaron la carrera, pero, como la multitud creía que nadie podía llegar, comenzaron a decir: "No lo van a lograr, la torre es muy alta"; "que lástima, es muy difícil". En este ambiente, la mayoría de los sapos comenzó a desistir, a excepción de uno, que persistió tranquilo, hasta que llegó a la cima de la torre.

Cuando fueron a entregarle el premio, para sorpresa de muchos, el sapo era sordo. Moraleja: Es importante elegir la sordera consciente y que cada uno haga lo que le corresponde y le nazca de su interior.

En muchas ocasiones para poder transitar por el camino correcto, dirigir nuestros pasos sabiamente y asumir con firmeza y determinación todas las responsabilidades, hay que decir: "Soy sordo".

Los anillos palaciegos
10 diciembre, 2016

Los anillos palaciegos siempre han sido muy nefastos, provocando en ocasiones el desmoronamiento de muchos gobiernos y hasta el enjuiciamiento y la cárcel de varios Presidentes. De eso tenemos innumerables ejemplos en América Latina y todo el mundo, pero específicamente en nuestro país; esos anillos han sido culpables de generar graves situaciones de corrupción administrativa.

Todos recordamos el famoso anillo de Joaquín Balaguer, los llamados de la casa: Aníbal Páez, Bello Andino, Guaroa Liranzo, etc., los cuales crearon una supra-estructura que manejaba y controlaba todo el andamiaje gubernamental. Balaguer, con su vasta experiencia y su innegable sabiduría, en muchas ocasiones permitía la existencia de ese anillo, porque era una manera de que se constituyeran en los malos de la película.

Cuando se quería eximir a Balaguer de culpa, se decía, los malos son los del anillo, porque no permiten que las cosas le lleguen al Presidente. Esa realidad hacia que todos quisieran estar en buenas con los del anillo, los dirigentes del PRSC y los funcionarios a cualquier nivel, porque, de lo contrario, no había manera de llegarle al experimentado dictador ilustrado.

En la mente de todos los que vivimos en el gobierno perredeísta de Antonio Guzmán, recordamos con pesar y tristeza cómo una gestión que comenzó de manera tan positiva y que produjo cambios tan significativos en el país, como la libertad de los presos políticos, el regreso de los exiliados y la terminación de las muertes de jóvenes revolucionarios, terminara con el suicidio del mandatario, sencillamente por no tener el valor de enfrentar las acciones de corrupción cometidas por un anillo que no pudo controlar y al que le fue de la mano.

La situación del presidente Guzmán parece no sirvió de ejemplo al siguiente gobierno perredeísta, por lo que, con otros actores se produjo la misma situación; el gobierno fue cercado y controlado por un anillo, que al final permitió que el presidente Jorge Blanco fuera sometido a la justicia por corrupción y posteriormente encarcelado.

En el primer y segundo período del Presidente Leonel Fernández, no se manifestó la existencia de un anillo palaciego, aunque en el tercer período, hubo muchas denuncias en esa dirección. Desde mi punto de vista entiendo que el presidente Fernández no permitió la consolidación de ningún anillo, pero algunos tomaron su nombre para realizar actividades cuestionadas por la sociedad. Ese accionar de funcionarios que se veían cercanos al jefe de Estado, en verdad le provocó algunos inconvenientes, los cuales con el tiempo han ido desapareciendo.

En el primer mandato del presidente Medina, nunca nadie habló de anillo palaciego, aunque en este segundo período se han alzado algunas voces aisladas, queriendo hacer notar su existencia, lo cual es una calumnia motivada por intereses políticos. Los que conocemos a Danilo estamos convencidos que eso nunca será posible, por la sencilla razón de que éste nunca lo permitiría.

Danilo es una persona sencilla, humilde, sin protocolos, que mantiene una relación horizontal con todos sus funcionarios, que conoce a todos por su nombre, por lo que nunca habrá manera de que lo "anillen" y aíslen de sus amigos y compañeros. En cualquier momento Danilo pregunta por un compañero o funcionario, y los que son más cercanos deben tener la respuesta de inmediato.

El presidente Danilo Medina, por su carácter y personalidad, no se limita a oír lo que le dicen los funcionarios de más nivel, sino que busca la manera de comprobar las informaciones. Inclusive cuando realiza una visita sorpresa, rompe el protocolo y se acerca a su gente, para estrechar sus manos y oírlos directamente. Una persona así no hay forma de engañarlo y menos de "anillarlo".

Sabemos que siempre hay seres humanos bellacos, amantes del poder y que a veces quieren pasarse de contentos, intentando bloquear informaciones al Presidente. Si lo logran siempre será por un tiempo muy corto, porque la experiencia y perspicacia del Presidente hará que lo deje sin efecto rápidamente.

Ojalá que esa visión y comportamiento del Presidente sea imitada por todos, porque, aunque no ha permitido el anillo palaciego, otros funcionarios han creado anillitos en sus instituciones, haciéndose inaccesibles hasta para los funcionarios de otras instituciones, por lo que podemos colegir cómo será para los humildes miembros de esta sociedad.

Vamos a seguir el ejemplo de nuestro Presidente, siendo accesibles y humildes ante la población, porque sencillamente ese es su deseo.

Ley 157-17, sobre el lavado de activos y el financiamiento del terrorismo
18 julio , 2017

El primero de junio del 2017 fue promulgada la ley 155-17, en contra del lavado de activos y el financiamiento del terrorismo, lo que estimo constituye un paso trascendental en el país, por lo que entendí oportuno resumir sus artículos esenciales, sólo con el objetivo que sea una motivación para que todos los abogados y personas insertadas en las actividades económicas la adquieran, lean y estudien.

En su artículo 2 establece: "Se entiende por activos o bienes de todo tipo, tales como pero sin limitarse a, bienes muebles e inmuebles, tangibles o intangibles, recursos naturales, como quiera que hayan sido adquiridos, los documentos legales o instrumentos en cualquier forma, incluyendo electrónica o digital, que evidencien la titularidad de, o la participación en, tales fondos u otros bienes".

"Se consideran autoridades competentes, de forma no limitativa, el Ministerio Público, la Unidad de Análisis Financiero (UAF), Dirección Nacional de Control de Drogas, la Superintendencia de Bancos, la Junta Monetaria, la Superintendencia de Seguros, de Valores, de Pensiones, de Seguridad Privada, la Dirección General de Impuestos Internos, de Aduanas, de Casinos y Juegos de Azar, y el Instituto de Desarrollo y Crédito Cooperativo".

"Se consideran delitos precedentes o determinantes, el tráfico ilícito de drogas y sustancias controladas, cualquier infracción relacionada con el terrorismo y el financiamiento al terrorismo, tráfico ilícito de seres humanos (incluyendo inmigrantes ilegales), trata de personas, pornografía infantil, proxenetismo, tráfico de órganos humanos, de armas, secuestro, extorsión, falsificación de monedas, valores o títulos, estafa contra el Estado, desfalco, concusión, cohecho, soborno, tráfico de influencia, prevaricación y delitos cometidos por los funcionarios públicos en el ejercicio de sus funciones, soborno trasnacional, delito tributario, estafa agravada, contrabando, piratería, delito contra la propiedad intelectual, delito de medio ambiente, testaferrato, sicariato, enriquecimiento no justificado, falsificación de documentos públicos, falsificación y adulteración de medicamentos, alimentos, bebidas, tráfico ilícito de mercancía, obras de arte, joyas y esculturas, y robo agravado, delitos financieros, crímenes y delitos de alta tecnología, uso indebido de información confidencial o privilegiada, y manipulación de mercado. Asimismo, se considera como infracción precedente o determinante, toda infracción grave sancionable con una pena punible no menor de tres años".

Artículo 3. Lavado de activos.

"La persona que convierta, transfiera o transporte bienes, a sabiendas de que son el producto de cualquiera de los delitos precedentes, con el propósito de ocultar, disimular o encubrir la naturaleza, el origen la localización, la disposición, el movimiento o la propiedad real de bienes o derechos sobre bienes. Dicha persona será sancionada con una pena entre 10 y 20 años de prisión mayor, multa de doscientos a cuatrocientos salarios mínimos, el decomiso de todos los bienes ilícitos, valores, instrumentos y derecho sobre ellos".

Artículo 54. TRANSACCIONES MULTIPLES EN EFECTIVO.

"Las transacciones múltiples en efectivo realizadas en una misma entidad, que en su conjunto sea igual o superior a 15 mil dólares, serán agrupadas y consideradas como una transacción única si son realizadas en beneficio de una misma persona física o jurídica, y si son realizadas dentro de un período de 24 horas. En tal caso, dichas transacciones deben ser reportadas a la Unidad de Análisis Financiero (UAF)."

Artículo 64. Liquidaciones o pagos.
"Se prohíbe a toda persona física o moral, liquidar o pagar, así como aceptar la liquidación o el pago de actos u operaciones mediante el uso de efectivo; monedas y billetes, en moneda nacional o cualquier otra, así como a través de metales preciosos, según los siguientes umbrales:

a.- Constitución o transmisión de derechos sobre inmuebles, por un monto superior a un millón de pesos dominicanos.

Constitución o trasmisión de derechos sobre vehículos de motor, aeronaves y embarcaciones, por un monto superior a 500 mil pesos."

Hemos tratado de enfocarnos en los artículos que consideramos más relevantes y que permitan crear una idea general de la connotación de esta nueva ley, que entró en vigencia el primero de junio del presente año.

Respetando las leyes y la Constitución
contribuimos con la institucionalidad del país
7 agosto, 2016

Es indiscutible e innegable el gran avance institucional que ha experimentado la nación a partir de los gobiernos del Partido de la Liberación Dominicana, lo cual se refleja en el grado de modernidad en que nos hemos situado, el crecimiento económico, la educación y la incursión en el mundo de la globalización.

Entiendo que esto es reconocido por la gran mayoría del pueblo dominicano, siendo el mejor ejemplo, el apoyo que recibió el presidente Medina en el pasado proceso electoral, lo cual no fue más que un reconocimiento a su trabajo por sacar al país de la pobreza, el analfabetismo y su apoyo a la zona rural con las visitas sorpresa como estandarte.

A pesar de este panorama positivo y de expresión de un gobierno que tiene como base la gente, todavía hay algunos funcionarios que no han entendido esta mecánica, alejándose del pensamiento del presidente Medina. Estos pocos funcionarios quieren imponer un estilo basado en la anarquía, usurpación de funciones, violación de las leyes y la Constitución, sin llegar a asimilar que el protagonismo e imposición arrogante no contribuye a hacer lo que nunca se ha hecho.

Cada Ministerio y Dirección General están limitados por la propia ley y la Constitución, por lo que sobrepasar esos linderos no es una manera de contribuir a fortalecer el clima de estabilidad institucional que vive el país , como resultado de una visión consciente de nuestro Presidente, lo cual, al mismo tiempo, vulnera derechos de otras instituciones, con menos poder gubernamental, pero amparados por un marco jurídico y legal.

Vamos a defender la institucionalidad, la única garantía para el desarrollo y avance de nuestro país; vamos a seguir el ejemplo de nuestro Presidente, con su humildad y respeto por todos, sin importar que sean grandes o pequeños. No permitamos que el poder momentáneo obnubile nuestras mentes; vamos a trabajar para que la República Dominicana sea un ejemplo mundial de organización e institucionalidad.

Un país solo se institucionaliza cuando todos, sin excepción, respetamos las leyes y la Constitución.

Capítulo VII
Tecnología. Temas internacionales

Educación, innovación, ciencia
y economía del conocimiento (1 de 6)
10 diciembre, 2014

En esta primera entrega voy a salirme un poco de los temas tradicionales, para enfocar algo diferente, como lo es lo relativo a la innovación y las mentes creativas, ya que está demostrado que en estos tiempos la prosperidad de los países depende cada día más de sus sistemas educativos, científicos e innovadores y no de sus recursos naturales, tomando el ejemplo de Apple, que su valor es mayor que todo el producto interno bruto de Venezuela, o de países como Luxemburgo o Singapur, que sin tener recursos naturales y obligados a importar hasta el agua, como Singapur, cuentan con uno de los mayores ingresos per cápita, situándose, por ende, entre los países más ricos del mundo.

Estamos viviendo en la era del conocimiento, en la que los países que desarrollan productos con alto valor agregado, serán cada vez más ricos, y los que siguen produciendo materias primas o manufacturas básicas, se quedarán irremediablemente atrás; por ejemplo, un país pequeño como Corea del Sur, produce 10 veces más patentes al año que todos los países de América Latina y el Caribe juntos, lo que explica la razón de que países de escasos territorios y habitantes, como Singapur, Taiwán o Israel, tengan economías más prósperas que países ricos en petróleo, como Venezuela y Nigeria.

Según las últimas informaciones del Banco Mundial, al día de hoy la agricultura sólo representa el 3% del producto bruto mundial, la industria el 27% y los servicios el 70%, lo que nos indica de manera categórica, que estamos marchando a pasos acelerados, de una economía global basada en el trabajo manual, a una economía basada en el trabajo mental. Tenemos el ejemplo, como señalamos anteriormente, de Corea del Sur, que registra unas 12, 400 patentes por año ante la Organización Mundial de la Propiedad Intelectual (OMPI); Israel 1600, mientras que América Latina y el Caribe juntos apenas llegan a 1.200, siendo Brasil el de mayor cantidad con 660 y México con 230. En cambio, Estados Unidos registra 57 mil, Japón 44 mil, China 22 mil y Alemania 18 mil.

Entre las ciudades latinoamericanas no hay ninguna colocada entre las primeras 100 ciudades productoras de conocimientos del mundo, pues el 56% de esas metrópolis están en Estados Unidos y Canadá, el 33 % en Europa y el 11% en Asia, lo que ocurre también en relación a las universidades, en las que no hay una entre las 100 mejores del mundo, en ninguno de los tres principales rankings internacionales, que miden, entre otras cosas, el porcentaje de profesores con doctorado, la cantidad de trabajos publicados en revistas científicas internacionales y el número de patentes registradas.

Indiscutiblemente que en Latinoamérica vamos por el camino equivocado, pues en vez de producir científicos, estamos produciendo muchos filósofos, sociólogos, psicólogos y poetas, llegando a tener un 63% de los 2 millones de jóvenes egresados, graduados en Ciencias Sociales y Humanidades y sólo un 18% graduados en Ingeniería; el restante lo hace en Ciencias Naturales y Medicina. Todo lo contrario está ocurriendo en China y los países asiáticos, donde la gran mayoría lo titula en Ingeniería y técnicos, lo que viene a explicar que en América Latina sólo se invierte un 2.4% en investigación y desarrollo, mientras que en Estados Unidos se invierte un 37.5%, 32% en Europa y un 25.4% en Asia.

Para terminar esta primera entrega y exponer la gran debilidad que tenemos los latinoamericanos en el campo de la innovación, educación y áreas científicas, voy a concluir con los datos arrojados por el último Tests Pisa, que mide los conocimientos de los jóvenes en matemáticas, ciencias y capacidad de lectura, en los cuales estamos en los últimos puestos de los 65 países participantes. Los estudiantes de China obtienen el mejor puntaje, seguido por los de Singapur, Hong Kong, Taipéi, Corea del Sur y Japón, siendo Chile el de mejor puntuación de Latinoamérica, en el lugar 51, seguido de México en el 53 y Uruguay en el 55.

Esta realidad queda demostrada con el ejemplo del café producido en Colombia, Brasil, Costa Rica, etc., que se vende a 3 dólares en Estados Unidos, pero apenas el 3% regresa al cultivador, quedándose el 97% en manos de los responsables de la ingeniería genética del producto, el procesamiento, el mercadeo, la distribución, la publicidad y toda acción que tenga que ver con la economía del conocimiento.

Educación, innovación, ciencia
y economía del conocimiento (2 de 6)
12 diciembre, 2014

Después de leer el libro de Andrés Oppenheimer, "Crear o morir", en verdad puedo decir que me he quedado atónito, completamente sorprendido, podríamos decir que estupefacto, ante lo que nos espera en los próximos años en relación a la aceleración de los avances científicos y tecnológicos, lo cual tiene como base la llamada Ley de Moore, según la cual, la capacidad de las computadoras se duplica aproximadamente cada dos años, lo que ocurre con casi todas las tecnologías.

Voy a referirme, como lo hace Oppenheimer, a algunos de los inventos más espectaculares, los cuales existen desde algunos años, y otros se vienen desarrollando desde hace algún tiempo, pero que por problemas legales o de costo, no han podido salir al mercado, lo cual, en cualquier momento, será superado, permitiendo que la humanidad pueda disfrutar de sus beneficios, así como en el pasado lo hizo con la computadora.

Vamos a comenzar con el invento de las impresoras 3D, que vendrán a sustituir las tradicionales, que hasta ahora sólo imprimían en papel. Esas impresoras 3D podrán reproducir zapatos, ropa, joyas, juguetes, alimentos, partes de automóviles, vajilla y hasta órganos del cuerpo, como dijo Barack Obama en su discurso en el 2013, al referirse a este invento: "que tiene el potencial de revolucionar la manera en que producimos prácticamente todo".

En la actualidad estas impresoras son usadas por arquitectos, ingenieros y diseñadores para la elaboración de maquetas en sus proyectos, lo que le ha permitido realizar en tan solo minutos y por algunos dólares, lo que antes tenían que mandar a hacer en fábricas especializadas, por miles de dólares y con la tardanza de casi un mes. Aunque usted no lo crea, porque también me pasó a mí, estas impresoras son usadas para producir objetos al instante, como una pieza de automóvil, de una estufa, un botón, etc. Como lo especifica Oppenheimer, solo bastará con tomarle una foto con el celular al objeto que quiera replicar, enviarlo por email a la computadora, especificar en la pantalla las medidas y el material deseados, apretar la tecla "imprimir" y obtener el objeto deseado.

En San Francisco ya han fabricado una motocicleta con piezas de plásticos hechas con impresora 3D, por lo que el director de investigaciones, Gonzalo Martínez, de una compañía fabricante de estas impresoras, ante una pregunta de Oppenheimer, le contestó "que la NASA está colocando impresoras 3D en naves espaciales, de manera que cuando se rompa algo, podamos reimprimirlo en el espacio. Y en lugar de llamar a la tierra y decir: Houston, tenemos un problema, diremos Houston, envíenos un diseño en 3D, y lo imprimiremos". Lo mismo "que haremos en nuestros hogares cuando se nos rompa una pieza del refrigerador, o del auto, o de cualquier otro objeto".

El criterio será diferente a cómo hacemos las cosas en la actualidad, pues el objetivo será "vender el diseño y no el producto", por lo que simplemente compraremos por internet los diseños de ropa, muebles, etc., le haremos los cambios que entendamos y, si tenemos una impresora 3D casera, lo imprimiremos, de lo contrario, la ordenaremos a un centro comercial, donde estará disponible en algunos minutos.

En la próxima entrega me referiré a los drones o aviones no tripulados y a los autos sin conductor, lo que me indica que, al tocar los inventos de los materiales autosaneables, el internet de las cosas, el Big Data y las súper computadoras que prescriben medicinas, necesariamente tendré que extender las entregas sobre el tema.

Educación, innovación, ciencia
y economía del conocimiento (3 de 6)
14 diciembre, 2014

Los drones, o aviones no tripulados, son aparatos muy sencillos, que pueden recorrer con su batería de 30 o 40 kilómetros, los cuales se comenzaron a usar por Estados Unidos para atacar terroristas en Iraq y Afganistán. Los drones comerciales ya se están usando para la agricultura, monitoreo del ganado, vigilancia policial y rescate de personas que tienen riesgo de morir ahogadas en el mar.

"La Aviación de Estados Unidos (FAA) tenía programado abrir todo el espacio aéreo de su país para uso de drones para finales del 2015 y tener más de 10 mil drones civiles circulando en sus cielos en el 2018. Esos drones comerciales deberán volar a menos de 100 metros de altura y mantenerse a cinco kilómetros de distancia de los aeropuertos, por lo que muy pronto serán utilizados para repartir pizzas a domicilio, o entregar los paquetes de Fedex".

Andrew R. Lacher, investigador del Mitre Corporation, organización asesora de Estados Unidos en materia de drones, ha establecido que casi todas las cosas que son realizadas por aviones, van a poder ser hechas por vehículos aéreos no tripulados en el futuro, por lo que hay quienes pronostican desde ahora, que los aviones no tripulados para vuelos comerciales remplazarán los aviones tripulados para vuelos comerciales. En Gran Bretaña se realizan experimentos con vuelos regionales operados por control remoto, " aunque llevan un capitán a bordo por las dudas y por el momento, no van con pasajeros".

Estudiantes de Berlín ya crearon un helicóptero no tripulado, al llaman Leopardo, y con el cual han hecho experimentos grabados en un vídeo, en el que se muestra el trayecto del aparato no tripulado volando desde la pizzería hasta la universidad, razón por la que los científicos aseguran que lo único que hace falta para ver estos drones a diario es resolver los problemas legales.

En su obra Oppenheimer nos relata: "Si no hubiera visto el auto sin conductor de Google con mis propios ojos, no lo hubiera creído, pero una demostración del auto, un Toyota Prius con una pequeña torre de control en su techo con tecnología de Google, me convenció de que en la próxima década veamos este tipo de autos en las calles de nuestras ciudades". Añade Oppenheimer que estos vehículos desarrollados por Google tienen sensores que miden la distancia con los autos más cercanos, por lo que el conductor no conduce, sino que podrá descansar o dormir como si fuera en un tren.

Estos autos, según Google, reducirán en un 90% las muertes por accidentes de tránsito, pues reducirán en gran cantidad los vehículos en las calles, y ayudarán a descongestionar las grandes ciudades, ya que podrán dejar a varias personas en sus lugares de trabajo, hacer algunas diligencias, estacionarse en un lugar alejado y después regresar a buscarlos al final del día. Google establece que estos autos son seguros, ya que en sus experimentos han recorrido 500 mil kilómetros sin sufrir accidentes.

En realidad, los creadores de estos vehículos entienden que en los próximos 10 años el auto sin conductor cambiará la fisionomía de las grandes ciudades , permitiendo un reordenamiento del uso de los actuales parques de estacionamientos, economizándole a Estados Unidos 400 mil millones de dólares anuales relacionados a accidentes de tránsito, evitándole la pérdida de 4 mil 800 horas de trabajo, mil 900 millones de galones de gasolina y alrededor de 30 mil muertes por accidentes de tránsito anuales.

Educación, innovación, ciencia
y economía del conocimiento (4 de 6)
16 diciembre, 2014

En las entregas anteriores tratamos algunos de los inventos del futuro, como son las impresoras 3D, los drones y los vehículos sin conductor; en esta entrega vamos a referirnos a dos inventos que impactarán las futuras generaciones, como son los materiales autosaneables y el internet de las cosas.

Se estima que en un tiempo no muy lejano estarán en el mercado materiales que se repararán a sí mismo, (materiales autosaneables), los que evitarán que muchos productos sean reemplazados o mandados a arreglar, permitiendo, por lo tanto, que su vida útil sea extendida. Esto, aunque no lo creamos, será parecido a lo que pasaba en la película Terminador, en la cual la piel sintética, a causa de un impacto, se derretía y luego se reconstruía.

Oppenheimer, en su libro "Crear o morir", nos hace el siguiente relato al referirse a esta sustancia: "Un grupo de investigadores liderado por Zhenan Bao, de la universidad de Stanfor, ha creado un material flexible, conductor de electricidad y sensible a la presión, basado en polímetros, que puede ser desarrollado para uso en armazones de robots o prótesis humanas, como piernas artificiales, así como otras versiones de materiales autosaneables, que ya están saliendo al mercado, como capas de materiales anticorrosivos que se regeneran cuando sufren daños".

Estos productos ya son usados en la industria naviera, en barcos, muelles y plataformas petroleras, en las que esa capa anticorrosiva contiene dos micro cápsulas, una un componente autosaneable y otra un catalizador, por lo que, según Joe Giuliani, presidente de Autonomic Materials, cuando la capa anticorrosiva se daña, las micro cápsulas se rompen y su contenido entra en contacto, reparando los daños.

Desde ya varias empresas anuncian que pronto tendrán vidrios autorreparables, que serán usados en la industria militar y automotriz, los cuales contarán con un líquido que se infiltrará de inmediato en las grietas del parabrisas tras sufrir un impacto, evitando una situación de peligro, tecnología que también podrá ser utilizada en los teléfonos celulares. ” De ahí a los robots con cubiertas autosaneables, como los ciborgs de la película Terminador, hay solo un paso, dicen los expertos”.

Otro invento no menos importante es “el internet de las cosas”, desde donde los “aparatos de cocina hasta la ropa, estarán conectados entre sí a través de un nuevo ecosistema que se ha hecho llamar el internet de las cosas”. Esta conexión, para que tengamos una idea, podrá ordenar desde un negocio cualquiera, sin la participación humana, la sustitución, a través de la computadora, de una pieza a la fábrica correspondiente.

“Se estima que los millones de sensores que se pondrán a todas las cosas se convertirán en una industria de 9 trillones de dólares en el 2020, cuando habrá más de 212,000 mil millones de objetos conectados al nuevo ecosistema, teniendo sensores en la ropa que permitirán, por ejemplo, que los ancianos que se desmayen ya no dependan de alguien que llame la ambulancia, porque sus propias vestimentas llamarán al servicio de emergencias”.

Oppenheimer nos relata que en la feria de artículos electrónicos de Las Vegas de 2014, se presentaron los primeros cepillos de dientes, raquetas de tenis y camas inteligentes, en los cuales los cepillos dentales tienen sensores que registran la forma en que nos limpiamos la dentadura, enviando luego esos datos al teléfono celular con instrucciones de cómo mejorar nuestros hábitos dentales, lo mismo ocurrirá con las raquetas de tenis, que registrarán la forma cómo agarramos la raqueta y cómo le pegamos a la bola y nos la enviará luego al celular con un vídeo didáctico. “Las camas inteligentes tendrán sensores que registrarán nuestra

respiración, nuestros movimientos, y cuantas veces nos desperte-
mos cuando dormimos, y nos enviará un e-mail con sugerencias
de cómo dormir mejor".

Para terminar esta entrega, no lo puedo hacer sin citar el
ejemplo que ya están poniendo en práctica varias compañías farmacéuticas, de colocar un microchip en la tapa de sus frascos de
remedio, para que éste le avise al médico si el paciente no está
tomando el medicamento a la hora establecida.

Educación, innovación, ciencia
y economía del conocimiento (5 de 6)
17 diciembre, 2014

En esta estrega nos vamos a referir, en primer lugar, a lo que será llamado el -el big data- ,que será la posesión y procesamiento de todos los datos que dejaremos plasmados al comprar por internet con tarjetas de créditos. Cuando escribimos algo en Facebook, en Twitter, ponemos una dirección en GPS, pues con ello estamos dejando una huella con nuestros datos en el ciberespacio que será de gran interés para quien quiera vendernos cualquier cosa, desde casa, un auto, un plan de viajes, hasta un partido político.

"Tal como lo señaló un estudio del Foro Económico Mundial, el crecimiento del volumen de datos y su procesamiento producirá un boom parecido a la fiebre de oro de San Francisco en el siglo XIX, o el boom petrolero de Texas en el siglo XX. Los datos se han convertido en el nuevo equivalente del oro o del petróleo, por lo cual los países más preparados para acumular, procesar y analizar estos datos, serán los más prósperos".

El big data, según los científicos, permitirá detectar epidemias antes de tiempo, al alertar cuando hay anormalidad en cuanto a la cantidad de personas que busca información sobre una enfermedad específica, pudiendo colectar, medir y analizar más informaciones y, al mismo tiempo, poder tomar mejores decisiones a nivel individual y colectivo.

Otro invento importante es el que tiene que ver con la creación de sensores que desde ya están a la venta en forma de pulseras, o relojes, los cuales leen el pulso constantemente y trasmiten información sobre nuestro ritmo cardíaco a un banco de datos que da señal de alarma ante cualquier anormalidad. Esto indica que la nueva medicina será digitalizada y personalizada, jugando en este caso los médicos un papel de supervisores de los programas de computación automática, que harán los diagnósticos y prescribirán los medicamentos de acuerdo a nuestro ADN.

Según el médico inventor, Daniel Kraft, la medicina del futuro será continua y proactiva y no como la del pasado, episódica y reactiva, por lo que en vez del médico prescribirnos remedios, ahora nos va a prescribir aplicaciones de phone, para encontrar qué medicina tomar. Se vislumbra desde ya, dentro del mundo científico, que en un tiempo no lejano esos relojes con sensores serán reemplazados por mini sensores implantados en el cuerpo, los cuales reportarán nuestras temperaturas y el funcionamiento de nuestros órganos a súper computadoras, las cuales nos alertarán con antelación ante cualquier problema que se esté incubando.

Finalmente, entre los últimos inventos tenemos la súper computadora Watson de IBM, la cual fue presentada por vez primera en Las Vegas, en el 2012; los inventores de Watson afirman "que esta súper computadora puede procesar mucho más información con mayor rapidez, porque incluye registro con la historia médica de millones de personas, pudiendo hacer diagnósticos basados en una experiencia mucho mayor que la de cualquier médico humano, ya que éste se basará en la experiencia de miles de pacientes".

Aunque Watson no sustituirá los médicos, será un excelente soporte técnico, lo más probable es que se constituya en un instrumento necesario para cualquier profesional de la medicina. Con todas las informaciones que pueda almacenar Watson, podrá alertarnos si estamos desarrollando una enfermedad y darnos consejos antes de caer enfermos.

Educación, innovación, ciencia
y economía del conocimiento (6 de 6)

18 diciembre, 2014

Al leer el libro de Andrés Oppenheimer "Crear o morir", en verdad que me sentí motivado a escribir estas serie de artículos sobre los inventos del futuro, por lo menos los más trascendentales, pues no los toque a todos por lo amplio del tema, dejando entre ellos, el de los viajes intergalácticos, para la cual se ha creado una industria privada de explotación espacial, que desde ya está cobrando 200 mil dólares por un viaje al espacio y que tienen como meta en un futuro indeterminado, usar naves espaciales para crear una colonia permanente en Marte, de 80 mil personas.

Pero en realidad lo que me ha motivado a adentrarme en este tema es la visión equivocada que tenemos los latinoamericanos del futuro de la humanidad, observando como países pequeños en Europa y Asia, van en la dirección correcta, de darle prioridad a la educación, la innovación, la tecnología y las ciencias, concentrando sus esfuerzos en las matemáticas y la ingeniería, como una forma de darle valor agregado a la manufactura y los productos agrícolas, mientras nosotros todavía concentramos nuestros esfuerzos en graduar filósofos, psicólogos, poetas, sociólogos, abogados etc., así como médicos y profesionales de la comunicación.

Esto no significa que despreciemos este tipo de profesionales, sino que no estamos a tono con el avance tecnológico de la humanidad y los temas inevitables del futuro, por lo que países muy pequeño como Singapur, con 3 millones de habitantes, con una superficie rocosa y hasta donde el agua hay que importarla, tenga uno de los promedios per cápita mayores del mundo, o sea que es un país rico sin tener agricultura ni petróleo, pero donde se producen una gran cantidad de patentes al año y sobre todo, donde la educación es un tema básico y fundamental. Lo que podríamos decir que ocurre con Israel, otro país pequeño pero que anualmente produce 1600 patentes, superando el total de toda América Latina y el Caribe que es de solo 1200 patentes.

En estos momentos es que nuestro país está dedicando 60 millones de pesos para investigación para el próximo año, donde se seleccionaron 54 patentes de un concurso realizado entre todas las universidades, esperamos que República Dominicana comience a ser parte del Club de los innovadores, para que no nos pase lo que dice Oppenheimer, de que en estos tiempos el que no crea, sencillamente muere, pues cada día se irá quedando rezagado y marginado por el avance natural de una sociedad que viene pujando a grandes velocidades por el camino del progreso tecnológico, basado en la educación, la ciencia y la innovación.

A veces me pregunto se será posible que mientras el mundo marcha en esa dirección que hemos descrito anteriormente, todavía en nuestra adorada patria, estemos hablando de xenofobia y racismo, que todavía pensemos en negarle a una persona la nacionalidad por el color de la piel, que todavía consideremos a una persona con 70 años viviendo en el país que está en tránsito, que lleguemos al extremo de secuestrarle documentos a dominicanos de origen haitiano para que no puedan estudiar, trabajar o hacer una vida normal acorde a sus conocimientos y decisiones.

Ante este panorama de globalización e intercomunicación de todos los países del mundo, todavía nosotros hablemos de "soberanía", como algo que está al margen de los derechos humanos y colaboración de los pueblos, que todavía propugnemos por mantenernos aislados como muestra de "patriotismo", algo superado hace siglos por la humanidad, o que le neguemos la educación a alguien por haber nacido de alguien que en ese momento era ilegal.

Ustedes creen posible que en estos momentos existan sectores que se opongan al aborto terapéutico, cuando sólo 6 países en todo el mundo lo hacen, incluyendo el Vaticano, cómo puede un país desarrollarse cuando los temas de agenda son temas superados prácticamente por toda la humanidad. En vez de concentrarnos en ponernos a todo con los avances científicos, desarrollando matemáticos, científicos e innovadores, lo que estamos es tratando de determinar nimiedades, como es la "soberanía", "el patriotismo", la "fusión de la isla", el "aborto terapéutico", "el padre Ruiz y su renuncia". "el Cardenal Anti Cristo". etc.

Tenemos el potencial para avanzar, tenemos un excelente Presidente, vamos a ayudar todos, contribuyendo a fortalecer la educación, motivando la innovación, orientando a nuestros jóvenes a que tomen el camino de la ciencia, la matemáticas y la tecnología, con lo que en poco tiempo tendremos varios inventos o patentes que nos permitan competir, avanzar y situarnos entre los países del futuro.

"Que Cuba se abra al mundo
y que el mundo se abra a Cuba"
27 noviembre, 2016

La muerte del hombre fuerte de Cuba por 57 años, Fidel Alejandro Castro Ruz, es un acontecimiento que tiene repercusión en todo el mundo, al margen del punto de vista que cada cual tenga en relación al sistema que impuso en ese país caribeño. Es indudable que se trata de un tema con muchas implicaciones; controversial y polémico, el cual debe ser visto con objetividad, sin fanatismo ni prejuicios.

En principio, la Revolución Cubana, encabezada por Fidel Castro, el Che Guevara, Camilo Cienfuegos, Juan Almeyda, Raúl Castro, Hubert Matos, Arnaldo Ochoa y otros comandantes revolucionarios, provocó el 1ro de enero de 1959 el derrocamiento de la dictadura de Fulgencio Batista, dando paso a un gobierno democrático, anti-imperialista y anti-feudal.

Los primeros años del gobierno dirigido por Fidel estuvieron encaminados en dos direcciones.: La expropiación de las propiedades de la alta burguesía y oligarquía cubanas y la nacionalización de las empresas extranjeras y; y la otra, una purga interna hacia la estructura que había dirigido la revolución, en la cual fueron fusilados y encarcelados la mayoría de comandantes que acompañaron al hombre fuerte de Cuba en esa empresa revolucionaria.

Fueron muchos los revolucionarios acusados de traición y fusilados o encarcelados, como el caso de Hubert Matos, quien duró 20 años en prisión, o los casos de Camilo Cienfuegos, cuyo cuerpo nunca apareció, de Willians Morgan, un americano nacido en Ohio, que fue fusilado el 9 de marzo de 1961, y quien fue, junto al Che y al español Gutiérrez Menojo, los únicos extranjeros que se ganaron el título de comandantes en la Revolución Cubana.

La oposición cubana habla de que han sido fusilados 5,700 disidentes del régimen de Fidel, pero indudablemente el caso más ilustrativo es el del comandante Arnaldo Ochoa, el más valeroso y fiel de sus seguidores, héroe de la bahía de Cochinos, de la revolución sandinista en Nicaragua y de la guerra de Angola contra Sudáfrica. Simplemente fue sacrificado por Fidel acusado de un supuesto tráfico de drogas, cuando según el señor Juan Reinaldo Sánchez, ex guardaespaldas del líder cubano por 17 años, Ochoa en todo momento actuó sin el consentimiento, aprobación y mandato de Fidel Castro.

En 1965 Fidel Castro decide declara a Cuba socialista, dirigido por el Partido Comunista Cubano, del cual Fidel fue su primer secretario hasta su retiro en el 2011. Este giro ideológico y político de la cúpula gobernante cubana motivó que más de un millón de cubanos emigrara a distintos lugares del mundo, principalmente a Miami, donde se estableció, y a lo largo de los años ha constituido una sólida estructura de exiliados con gran peso político y económico en ese Estado norteamericano.

Dentro de ese conglomerado de migrantes, está los llamados marielitos, que llegaron a Miami cuando el gobierno cubano permitió su salida en balsas, por lo que también fueron llamados despectivamente: "balseros". Pero no sólo los marielitos y balseros abandonaron a Cuba, sino que, un tiempo después lo hizo su hija Alina Fernández (1993), quien calificó a su padre como una persona con un nivel de crueldad bastante elevado, estableciendo en su libro; La hija de Castro: Memorias del exilio de Cuba, "que para los cubanos el legado de Castro es un país arruinado, con un gran exilio, una experiencia muy dura y muy difícil de curar".

Otra exiliado muy vinculado a Fidel Castro fue Juan Reinaldo Sánchez, hombre de confianza y su guardaespaldas por 17 años, quien en su obra "La vida oculta de Fidel Castro", ofrece informaciones escalofriantes sobre la vida del líder cubano, en la cual establece que éste era un "autócrata paranoico en su país, un espía sin igual a todas horas, diplomático maquiavélico, obseso en las grabaciones".

En su obra Reinaldo Sánchez dice que lo que lo llevó a tomar la decisión de desvincularse de Fidel fue el fusilamiento de Arnaldo Ochoa, por lo que solicitó su retiro voluntario, comprometiéndose a mantener la lealtad al régimen cubano y su líder Fidel Castro. La respuesta fue su encarcelamiento por dos años, entre 1994 y 1996, la tortura y aislamiento social, por lo que, cuando fue liberado, intentó escapar 10 veces de Cuba, hasta que finalmente lo logró en el 2008, para conseguir su propósito de escribir un libro y decir lo que sabía, lo que había visto, lo que había oído. "Para contar al verdadero Fidel Castro como nadie ha osado jamás hacerlo, desde el interior".

Al margen de lo que diga el ex guardaespaldas de Fidel Castro, soy un abanderado de la libertad e igualdad, por lo que comulgo, sin ninguna vacilación, con la democracia, con todas sus imperfecciones, en la que cada quien sea libre de expresar sus puntos de vistas, sin mordazas ni restricciones. No cambio la libertad por nada, porque entiendo que es lo más valioso y sublime que pueda existir.

Reconozco que en el régimen cubano ha habido algunos avances, principalmente en la educación, la salud y el deporte. La muerte de infantes en Cuba es de 4 por cada mil habitantes, el analfabetismo es cero y todos sabemos que es una potencia en deporte. Pero, qué valor puede tener la educación cuando un médico debe trabajar en Cuba por 18 dólares y donde miles de profesionales cuando no logran emigrar, deben dedicarse a los modelajes nocturnos o simplemente a la prostitución.

Una golondrina no hace verano
20 noviembre, 2016

En su obra Don Quijote de la Mancha, Miguel de Cervantes es el primero que hace alusión a esta frase: "Una sola golondrina no hace verano", refiriéndose a que estas aves, que vuelan n en bandadas en primavera, cuando una abandona el grupo y llega en verano, no indica que el verano haya llegado. Por lo que esta frase es usada para establecer que un hecho aun confirmado no se puede considerar como una norma o regla general.

Esta frase de obra Don Quijote encaja perfectamente en la elección de Donald Trump como presidente de Estados Unidos, aunque debo reconocer que en principio sentí cierto temor, pero al reflexionar tranquilamente llegué a la conclusión de que si bien se producirá un aumento de las acciones en contra de las minorías, latinos, negros, musulmanes, asiáticos, homosexuales, mujeres etc., seguirán siendo hechos aislados, ya que los principios que sustentan el establecimiento de la sociedad norteamericana, no permitirán un cambio radical del sistema, porque sencillamente implicaría la destrucción de ese país.

Además de existir una manera objetiva y subjetiva de ver las cosas, hay lo que, podríamos llamar, una percepción intersubjetiva, que es cuando miles de millones de personas comparten una imaginación sobre una situación, lo que los lleva a asumir y aceptar esa realidad, que es precisamente lo que hicieron los norteamericanos el 4 de julio de 1776 cuando Thomas Jefferson, John Adams y Benjamín Franklin, padres fundadores, declararon la independencia de Estados Unidos, basados en dos principios fundamentales, libertad e igualdad.

La realidad intersubjetiva es tan poderosa que fue lo que permitió que Hummurabi se convirtiera en el rey más poderoso que emanara del imperio Babilónico, con la creación en el 1776 a.C del código Hummurabi. En esa época el imperio de Babilonia tenía más de un millón de súbditos y todos se regían por el código, el cual era una colección de leyes y decisiones, basadas en principios universales dictados por los dioses.

En ese código Hummurabi se establecía que no todos los miembros del imperio eran iguales, dividiéndolos en Supremos, Plebeyos y Esclavos. Pero los súbditos creían en estas normas, creándose una realidad intersubjetiva que convirtió a Babilonia en el imperio más poderoso de su tiempo, lo mismo que pasó con Estados Unidos a partir de 1776, pero de manera inversa, porque mientras el código Babilónico se basada en la desigualdad de sus integrantes, el norteamericano tuvo como base la igualdad y la libertad. TODOS SOMOS IGUALES ANTE LA LEY.

Basado en estos hechos históricos entendemos que Trump no podrá hacer todo lo que dijo en la campaña, porque la sociedad norteamericana no se lo permitirá. Los principios en los cuales se fundamenta de igualdad y libertad, no permitirán la instauración de un sistema racista, xenófobo, homofóbico ni discriminatorio, lo que no quiere decir que esa raza blanca que se siente superior no haga intentos y realice acciones en esa dirección, como ya ha venido ocurriendo en muchas ciudades norteamericanas.

Para cambiar un sistema basado en la intersubjetividad, se necesita crear uno alterno, lo cual logró Hitler en Alemania a partir de asumir el liderato del Partido Social Obrero Alemán, en 1921, pero para esto contó con un partido, con una estructura y un discurso que le hizo creer a los alemanes que en realidad eran una raza aria superior. Sólo después de creada esta estructura de poder, pudo Hitler apuntar en contra de los judíos, homosexuales, discapacitados y disidentes de su visión fascista y nazi.

A diferencia de Hitler y Mussolini, Donald Trump no tiene estructura de poder, ni siquiera un partido que lo apoye, ya que los republicanos, como parte del establishment, no van a afilar cuchillo para su garganta. Trump es un narcisista consumado, que como ocurre en muchas ocasiones, las personas con esta condición de la conducta, por su inteligencia, habilidades y capacidad de manipulación, pueden obtener "excelentes" resultados económicos y políticos.

Pero en casi todos los casos históricamente comprobados, estos narcisistas severos terminan como Narciso, ahogándose en el lago al no cansarse de observar la belleza de su figura. En Estados Unidos se impondrán sus principios basados en la igualdad y la libertad, por lo que en un tiempo no muy lejano, Donald Trump será un mal recuerdo, triste y penoso; un recuerdo de algo que nunca debió pasar.

Ellos son blancos y se entienden
11 noviembre, 2016

Es innegable que el mundo entero estuvo atento a los resultados del proceso electoral del pasado 8 de noviembre en Estados Unidos, donde el magnate Donald Trump se alzó con una sorprendente victoria, la que dejó a todos en especie de un trance momentáneo. Sin embargo, la vida sigue su curso y en los días posteriores pudimos observar la creatividad de la gente con los famosos memes, que tengo que reconocer, los he gozado mucho y me he reído como hacía mucho tiempo que no lo hacía, algo positivo para el estrés, la rutina y el aburrimiento.

Además hemos podido observar la gran cantidad de opiniones, análisis, teorías y hasta tratados de los más versados en ciencias políticas, buscando explicar, justificar y explicar las causas de la victoria Trump. Cada quien viéndolo desde su punto de vista, lo cual incluye, claro está, una apreciación subjetiva, particular y emotiva.

Hemos observado, además, las protestas y movilizaciones en las ciudades más importantes de Estados Unidos, al estilo dominicano, quemando basura y hasta neumáticos. Todos se han expresado de una manera u otra, llegando inclusive hasta a plantearse en California lo que llaman el "CalExit", Yes California, que plantea someter el tema en el 2019 a un referéndum.

California es el Estado más poblado de Estados Unidos, con 40 millones de habitantes y, al mismo tiempo, el más rico, constituyendo, por sí mismo, la sexta economía del mundo. En ese Estado, más del 60% votó por Hilary y en contra de Trump, por lo que sus habitantes alegan que no es su Presidente. Planteando, además, que por la características de California, jamás aceptarán a una persona con la mentalidad del Presidente electo.

California es un Estado liberal, progresista, abierto a las minorías, moderno, sin convencionalismos, donde se han aprobado cantidad de leyes que apuntan hacia una visión muy especial y muy distante del racismo, la xenofobia, la homofobia, el fanatismo religioso, el conservadurismo y la vuelta al pasado.

De mi parte, tengo un criterio muy definido ante la vida; los procesos, cuando pasan, hay que cerrarlos y seguir hacia adelante; el tiempo se encargará de definir las cosas, porque, independientemente de cómo se comporte Trump, no podrá durar más de 8 años como Presidente de Estados Unidos, claro, si logra reelegirse, sino serán 4 años y, para su casa, a seguir haciendo negocios, que es su fuerte.

Estados Unidos sobrevivirá a la administración de Trump y seguirá su camino; el establishment se impondrá, el sistema seguirá gobernando con demócratas o republicanos, con algunos cambios de forma, pero, en el fondo, siempre será lo mismo. Estados Unidos seguirá siendo el imperio, el amo del mundo, donde el 1% tiene más riqueza que el 99%.

Así que, esperemos que siga la lluvia de los teóricos, de los mentalmente superdotados, de los narcisistas de la intelectualidad, de los analistas versados, buscando y tratando de justificar los resultados del proceso electoral en Estados Unidos. Mientras esto ocurre, mi humilde consejo es que sigan gozando con los memes, den por cerrado el proceso, porque, en definitiva, como dice el dicho popular, "ellos son blancos y se entienden".

Capítulo VIII
Río San Juan es parte de mi historia

Carretera Río San Juan-Payita:
La carretera de Isabel
27 enero, 2015

El 22 de septiembre del 2013 escribí un artículo titulado; "Carretera Payita-Río San Juan, una ruta traumática", en el cual establecíamos: "Las luchas, presiones y movimientos para lograr la construcción de esta carretera, mal contabilizados, sobrepasan los 40 años, iniciándose en varias ocasiones, pero, al final, por una razón u otra, terminaban estos aprestos en acciones frustradas, para luego venir un período de calma y abandono, que luego comenzaba y terminaba en las mismas circunstancias de olvido y frustración".

Luego de narrar en este artículo las peripecias pasadas en un período de varios años, en el que ahora la magistrada del Tribunal Constitucional, Isabel Bonilla, y en ese entonces diputada al Congreso Nacional, tuvo que enfrentar, para hacer realidad esta carretera, desde encuentros con Leonel Fernández, Freddy Pérez, Víctor Díaz Rúa, etc., concluyo con los siguientes párrafos:

"Al producirse la victoria electoral de Danilo Medina, Isabel a los pocos días de iniciarse el nuevo gobierno, en una reunión en la que participaron otros jueces del Tribunal Constitucional, le planteó al Presidente el compromiso que había hecho con Río San Juan de construirle esa carretera, compromiso que nos hizo en un almuerzo en nuestra casa de campo, en el 2007, lo cual fue reconocido de inmediato por el mandatario, quien delegó en Isabel para que se reuniera con el ministro de Obras Públicas, Gonzalo Castillo, con la encomienda de que, por su disposición, se dispusiera al inicio de tan anhelada obra".

Luego escribo otro artículo, el 17 de Noviembre, en Costa Verde DR.com, titulado: "Carretera Río San Juan-Payita, un hecho consumado", el cual inicio con las siguientes palabras: "El compromiso del 'presidente Danilo Medina y del ministro de Obras Públicas, Gonzalo Castillo, de iniciar de inmediato los trabajos de la carretera Río San Juan-Payita, es un hecho consumado, pues desde hace algunos días han comenzado a llegar los camiones y equipos que harán realidad esta promesa, lo quel ha constituido un hecho histórico sin precedentes, por el apoyo, entusiasmo y expresión festiva de toda la comunidad".

"Indudablemente que esta situación me hace confiar cada día más en nuestro Presidente, quien es una persona de honor, que honra su palabra empeñada, pues cuando le confirmó a Isabel Bonilla el miércoles 6 de noviembre que iba a cumplir con el compromiso que había hecho con ella, en lo relativo a la carretera y asfaltado de las calles, lo cumplió de inmediato, autorizando al ministro de Obras Públicas para su ejecución, quien se trasladó el viernes 8 de noviembre a Río San Juan y anunció en una encuentro en nuestra residencia, el inicio de las obras".

En otro artículo escrito en Costa Verde Dr.com, el 14 de enero, titulado: "Seguimos avanzando; sé parte de los resultados", establecemos el siguiente criterio: " Esta ha sido una semana positiva para Río San Juan, ya que, entre otros logros, está el reinicio del asfaltado de la carretera Río San-Payita, la cual se proyecta ser inaugurada el próximo 27 de febrero, según le informara el presidente Danilo Medina a la magistrada Isabel Bonilla, quien, como siempre, le abordó sobre el tema de la carretera el 7 de Enero, obteniendo en esta oportunidad la respuesta trascendental del primer mandatario de que podía anunciarlo, pues tenía un compromiso con ella y el municipio de terminar la carretera, por lo que había dispuesto los recursos para su terminación".

Indiscutiblemente que la materialización de esta carretera constituye un acontecimiento trascendental en la historia de Río San Juan, pues viene a resumir un período extenso de luchas y frustraciones, que culminan felizmente en un acontecimiento que hará que nuestro Presidente siempre sea recordado como el jede de Estado que nos regaló esa obra, de incalculable valor para los riosanjuaneros. Ha de destacarse tambіén el papel entusiasta, de colaboración y disposición personal de entrega a esta causa del ministro de Obras Públicas, Gonzalo Castillo, así como el papel jugado por el frente de comunitarios, siempre atento para exigir su materialización, actuando con moderación y prudencia, encabezado por el amigo Joseph Suero.

No sería justo de mi parte, independientemente de los intereses sentimentales que puedan existir de por medio, no reconocer el papel jugado por mi esposa, Isabel Bonilla, en la conjugación definitiva de esta obra, sin lo cual no habría sido posible haberlo logrado, por lo menos en estos momentos, ya que su dedicación y entrega, que en momentos se acercaba a la obsesión, pudo permitir que este anhelo se mantuviera vivo, latente, independientemente de los fracasos momentáneos y las frustraciones que nos golpeaban a cada momento.

Independientemente de cómo se proyecte el futuro, para mí y cada uno de los riosanjuaneros, esta carretera será bautizada, como una muestra de amor, de reconocimiento a la perseverancia y la entrega con pasión a una causa noble y justa, como "la carretera de Isabel".

Atrapados y de Esposa a Amante:
las novelas de una riosanjuanera
19 octubre, 2015

"Atrapados" y "De esposa a amante", son dos novelas escritas por la joven riosanjuanera Juany Esther Hiraldo López. Estos libros todavía, sin publicarse oficialmente, constituyen una excelente expresión del talento de una escritora en su fase inicial de desarrollo.

Ambas obras me cautivaron y las leí de un tirón, sin descanso ni pausas; muy bien narradas, con un estilo simple, sencillo y comprensible, por lo que recomiendo su lectura.

Atrapados es una novela con un mensaje muy contundente, sobre el daño que hace al alcohol cuando se convierte en una adicción, reflejando lo que pasa cuando alguien queda atrapado en este vicio; su destino es la autodestrucción, ocasionando graves problemas tanto a su familia, su entorno y su salud, culminando, en la mayoría de los casos, en una muerte prematura.

"De Esposa a Amante" nos relata un episodio muy común en nuestros tiempos, con un sello muy personal al narrar los intríngulis que se manifiestan en una relación disfuncional en una pareja, teniendo, como siempre, un desenlace trágico y patético.

Es importante que todos los hijos del de Río San Juan, su lugar de origen, apoyen a su compueblana Juany Esther, como un nuevo talento, que en un futuro no muy lejano, puede escalar inimaginables horizontes como novelista y escritor, en representación de un hermoso municipio de la costa norte del país.

Mi reconocimiento a CostaVerdeDR.com
2 enero, 2017

Quiero aprovechar este nuevo año para manifestarle a Costa Verde DR.com mi agradecimiento, tanto por la oportunidad que me han dado para exponer mis puntos de vista, así como su disposición de colaborar de manera desinteresada por una causa un poco complicada.

En esta época muy pocas personas tienen el ideal altruista de aportar sin esperar nada material a cambio, como lo han venido haciendo ustedes por años a través de CostaVerdeDR.com

Es una labor loable que quizás muchos no entiendan, aunque también estoy seguro que otros valoran en su justa dimensión.

Espero que no se desalienten en esa empresa por, el bien de los riosanjuaneros, ya que es una voz autorizada, moral y ética, para mantener informados a todos los hijos de esta tierra en todo el mundo. Comprendo el sacrificio que hacen, el esfuerzo que realizan; estén seguros que la historia se encargará de recompensarlos.

No hay nada más placentero que saber que realizamos algo sin esperar nada a cambio, sólo por el interés de contribuir y aportar en una labor tan difícil como es la información periodística. Sigan adelante y estén seguros que cada día se irán sumando nuevas personas a la noble labor que realizan.

Jorge Cavoli: un visionario de la municipalidad
9 agosto, 2016

En realidad puedo reconocer que me quedé sorprendido por la visión y los conocimientos que sobre municipalidad tiene el alcalde electo Jorge Cavoli, quien ejerció esas funciones desde el 2002 al 2010 en el municipio de Cabrera.

Una persona abierta a la modernidad, que está consciente que sólo la inversión, la planificación y organización, pueden servir de plataforma para el desarrollo y avance de su municipio, al margen de banderías políticas, religiosas e ideológicas.

Ahora comprendí la causa del despegue de Cabrera en sus gestiones al frente del Ayuntamiento, ya que tiene un concepto muy visionario y nada sectario sobre cómo enfocar las puntos claves que amerita un municipio para avanzar y desarrollarse. Sus experiencias internacionales y sus viajes a diversos países le han permitido forjarse un criterio que traspasa los linderos partidarios y clientelistas.En una visita que nos dispensara, hablamos ampliamente sobre diversos temas, en los que , al parecer, coincidimos casi en todo, específicamente en la importancia que tiene para una comunidad turística la organización del tránsito, ya que esto ofrece seguridad y confianza ala gente para trasladarse sin dificultades ni contratiempos.

Es destacable el criterio que tiene Jorge Cavoli de facilitar la inversión extranjera, simplificando los procedimientos para sus inversiones y disminuyendo al mínimo los gastos por impuestos y otros arbitrios. Con esa visión del Alcalde electo, estoy totalmente seguro que el municipio de Cabrera seguirá avanzando y el turismo continuará en aumento.En esa conversación acordamos un plan de organización del tránsito, en la cual la Dirección

General de Tránsito Terrestre se compromete a ofrecerle toda la ayuda técnica y el Ayuntamiento, por su lado, asumirá todo lo relativo a garantizar la realización de un trabajo continuo y sin interrupción, comprometiéndose el cabildo a la creación de una policía municipal, que garantice el sostenimiento de ese proyecto vial, con un efectivo control y una adecuada fiscalización.

Soy de opinión de que cuando se piensa en la colectividad, los intereses personales, particulares y partidarios pasan a un segundo plano, por lo que le auguro todos los éxitos posibles al nuevo Ayuntamiento de Cabrera, para beneficio de sus munícipes.

Fiestas Patronales RSJ 2017
30 mayo, 2017

Cuando me enteré de los que serían responsables del comité de las fiestas patronales de Río San Juan, experimenté una inquietud positiva, en el sentido de que podría ser posible que ese equipo seleccionado variara la visión que en los últimos años predomina en estas actividades. Esta celebración ha perdido completamente sus objetivos originales, pasando a convertirse en un pasatiempo caracterizado por la francachela, los tragos, consumo de sustancias prohibidas y, como consecuencia, provocando riñas, pleitos y confrontaciones con golpes, armas blancas y armas de otros niveles.

Las fiestas patronales se han convertido en algo desastroso y deprimente, que no aportan nada positivo al municipio. Eso no quiere decir que nos opongamos a la parte social y recreativa; eso es normal y aceptable, pero la realidad es que se ha perdido el horizonte, el equilibrio y, sobre todo, la disciplina, predominando el alcohol, las sustancias prohibidas y la música escandalosa.

Cuando el comité elegido para encabezar la celebración a partir del 15 de junio nos hizo una visita de cortesía, le expresamos nuestro punto de vista y, al mismo tiempo, le hicimos algunas recomendaciones que entendíamos podrían servirle de ayuda para reorientar el criterio sobre esta celebración. Fue una fructífera conversación, en la cual Rubén, Arabela y Heriberto Gil, siempre manifestaron una apreciación diferente al criterio que ha venido primando en esas fiestas y su disposición y entusiasmo para darle un sentido diferente a la actividad festiva.

Coincidimos en que lo más importante sería dirigir la visión hacia el deporte, la cultura y apoyarse en la floreciente juventud sana y progresista de Rio San Juan. En verdad es un buen equipo, compuesto por personas comunitarias, sanas, progresistas, trabajadoras y con deseo de servirle a su pueblo, lo cual asegura que tendremos este año unas fiestas patronales diferentes y con objetivos positivos.

Este encuentro me hizo recordar las fiestas patronales de 1989, cuando fuimos su presidente. las cuales estuvieron dedicadas a los clubes culturales, por lo que se basaron fundamentalmente en propagar el deporte, la cultura y las actividades sanas y populares. El día que finalizó la celebración, entregamos más de 200 trofeos en premiación a los diferentes encuentros deportivos que realizamos.

Para esas fiestas, en verdad pudimos aglutinar un multiequipo, que funcionaba con una directiva central, que estaba compuesta por nosotros como presidente; Isabel Bonilla, Zunilda Vásquez (China), Próspero Agramonte, Confesor Mejía, Nengo Paredes, Basílica Martínez, Yolanda Amaro, Rosa Francia, Robín Payano, la reina y virreina de las fiestas, Tauni Balbuena y Joselyn Martes, Pericles Gonzales. Además, un equipo de apoyo compuesto por José Marmolejos, Féliz Ramírez, Chacha, Miguel Alonzo, Bianchi, Mariano Alonzo. Un equipo de jovencitas muy activas, entre ellass, Ivelise Ramírez, Tauni. etc. También contábamos con un equipo en el orden de 30 personas, dirigido por Romeo el Gago y Lourdes Pitón.

Fueron unas actividades con muchas dificultades; primero, hubo una huelga general en el país que impidió que el camión con la música pudiera llegar al pueblo; segundo, se presentó una avería en la luz, lo que hizo que en los 9 días las actividades se realizaran con una planta de mi propiedad. Además de esto, tuvimos que lidiar con una fuerte oposición que alegaba que yo no podía ser presidente de esas fiestas, porque no era de Río San Juan.

En esas circunstancias negativas y de un ambiente tenso, hicimos lo que teníamos que hacer, mayor esfuerzo, dedicación y trabajo para que las cosas salieran bien. Nos concentramos en el deporte, varios maratones, campo y pista, natación, rally de motores y bicicletas, torneos de volibol, baloncesto, softbol, béisbol, ajedrez, tablero y ping pong. Competencias con otros pueblos en varias disciplinas deportivas.

Logramos montar una feria del libro, vendiendo obras muy baratas en la cancha, hicimos en el Ayuntamiento una exhibición de cuadros de Persio Checo. Se dieron charlas y conferencias sobre temas de la actualidad. Invitamos grupos culturales de la UASD, la UCAMAIMA y de Puerto Plata. Todas estas actividades se hicieron con un presupuesto de 20 mil pesos. Y lo más importante, no se tiró ni una galleta, cero pleitos.

Se realizaron las actividades tradicionales: peleas de gallos, corrida de cintas, palo encebado, competencias de sacos, huevos etc. Me podrían decir, pero eso fue hace mucho; 28 años para ser exacto. Sin embargo, podemos conformarnos con el hecho de que hemos retrocedido con el tiempo. Entiendo que si bien es cierto que las cosas no son iguales, que los jóvenes de ahora tienen otra mentalidad, pero podemos buscar el equilibrio, darle un poco de lo que le gusta y está de moda, sin dejar a un lado los valores, el deporte, la cultura, el mensaje positivo.

Simplemente podría estar soñando como Pilarín, pero prefiero soñar y confiar en que todo es posible, siempre y cuando le dediquemos tiempo de calidad a las cosas y cuando no podamos lograrlo todo, por lo menos conseguimos algo que deje un legado positivo. La palabra clave seria, en medio de la realidad que vivimos: CELEBRAR **UNAS FIESTAS PATRONALES CON EQUILIBRIO.**

En honor a dos excepcionales maestras, Josefina Pumarol y Eduvina Bonilla
24 junio, 2015

Mientras visitaba la costa Este del país, acompañado de mi esposa Isabel, en medio de las largas conversaciones que solemos tener, en las cuales tratamos temas que abarcan una diversidad, surgen a veces comentarios interesantes, los cuales disfrutamos en el momento, pero luego quedan olvidados, para volver a tocarlos en otros de esos amenos intercambios de criterios.

En esta ocasión Isabel me refirió una experiencia vivida con dos profesoras riosanjuaneras, una de ellas fallecida, la cual, domingo entrado en la noche, después de llegar al hogar y estar descansando ese fin de semana vacacional, decidí sacar este momento para compartir esa conversación y, sobre todo, por lo que entiendo puede significar para las futuras generaciones de jóvenes de Río San Juan, del país y del mundo.

Me decía Isabel que estando en cuarto curso de la primaria, su profesora de ese entonces, Josefina Pumarol, le preguntó qué pensaba ella ser cuando fuera grande, a lo que Gagary, como le llamaban en ese entonces y todavía lo hacen sus compueblanos, le contestó que ella lo que quería era tener un salón de belleza, como tenía la profesora Josefina. En ese momento no recibió respuesta, pero unos días después la profesora Pumarol la llamó y le dijo que jamás en la vida volviera a decir eso, pues ella, Gagary, era lo suficiente inteligente para ser lo que ella quisiera en la vida y que ella tenía ese salón como algo complementario a sus labores como profesora, pero que ese trabajo no era para personas inteligentes.

Isabel me expresó que esas palabras quedaron grabadas en lo más profundo de su ser interior, por lo que cada vez que pasaba por un momento de dificultad, jamás pensaba en abandonar e irse de nuevo a su pueblo para instalar un salón de belleza, lo cual es una labor digna, como todos los trabajos, pero que por el mensaje de Josefina Pumarol comprendió que estaba destinada a realizar otras funciones en la vida.

En su relato, muy nostálgica, como siempre al abordar esos recuerdos, Isabel me dice que no hubo que esperar mucho tiempo para poner a prueba esa circunstancia, pues después de finalizado el cuarto curso, se marchó a Santo Domingo, para luego regresar a Río San Juan ya comenzado el próximo año escolar. En esa situación quien en ese momento fungía como directora de la escuela le estableció que no podía aceptarla en quinto grado, porque no había ningún cupo, ni sillas para ella recibir las clases. Cosas del destino, designios de la vida, pues la profesora de quinto grado era Eduvina Bonilla, quien tomó la decisión de aceptarla en su clase, con la condición de que Gagary todos los días llevara una silla de su casa a la escuela y de esta manera justificar su participación académica.

En realidad Isabel, Gagary, la hija de Nani, continuó estudiando hasta lograr hacerse profesional, trillando un camino de esfuerzo, trabajo y honestidad, que la han llevado a participar en diversas funciones públicas. La noche del domingo, destinada al descanso, pues al día siguiente nos espera la reintegración a nuestras funciones, me pregunté: si no hubiera sido por la intervención de esas dos maestras, ejemplo de por vida para todas las generaciones de riosanjuaneros, si no hubiera sido por su ejemplo y motivación, las circunstancias hubiesen permitido que Isabel, Gagary, alcanzara los eslabones que han permitido que sea una digna representante de su pueblo, de la Gallera Vieja y, sobre todo, del barrio "Las Flores".

No podemos predecir el futuro ni determinar de manera exacta cómo habrían de ocurrir las cosas, de lo que sí estoy seguro es de cómo esas dos mujeres, esas dos maestras, influyeron positivamente en forjar una mente emprendedora y batalladora en mi esposa Isabel.

25 años de baloncesto en RSJ:
Por una asociación rectora y los clubes deportivos
26 octubre, 2013

El pasado viernes 11 de octubre se inició al torneo de baloncesto superior de Río San Juan, con la participación de los cuatros equipos tradicionales: La Gallera Vieja, Acapulco, El Centro y Buenos Aires, con un gran apoyo de la fanaticada, como siempre. Esta competencia tiene una connotación especial, al cumplirse 25 años de la celebración del primer torneo de baloncesto superior con refuerzos. Es oportuna la ocasión para hacerle un llamado al estamento que hasta el momento ha estado al frente de la dirección de este acontecimiento deportivo, para que tome la determinación de dar inicio a la formación de la Asociación de Baloncesto de Río San Juan.

Con el permiso de los versados en esta área deportiva, me considero con la autoridad para exponer mis precisiones sobre este tema, por considerarme históricamente vinculado al baloncesto en RSJ, vinculación que se inició con la celebración de ese primer torneo en 1988, del cual fui presidente del comité organizador y formaban parte del mismo Luis Hernández, Félix Ramírez, Juan José Canaán, Chicho Tejada, Gilberto Hernández (Cabuya) y Confesor Mejía.

En el primer torneo de baloncesto superior con refuerzos participaron 3 equipos: Las Flores, liderado por Luis Hernández; Francisco Balbuena, encabezado por Perucho y Luis Freddy y el Freddy Méndez, capitaneado por Alfonso Marte; fue todo un éxito, coronándose campeón el Francisco Balbuena.

De este primer torneo recordamos la participación de los refuerzos Roberto, de Santo Domingo; los nagüeros el Vale y la

Boa y el nativo, pero residente en San Francisco, Luis Freddy. Luego de terminado el torneo, constituimos la primera selección del municipio para participar en el torneo superior de Nagua, en el que obtuvimos el primer lugar en la serie regular. Esta selección contaba con experimentados jugadores, como Luis Hernández, Alfonso Marte, Luis Freddy, Perucho, Papo Méndez, El Toro, Atawalpa, Chimón, Oscar Marte y el refuerzo de San Francisco, Freddy Mena.

Este primer intento por organizar el baloncesto en Río San Juan hasta cierto punto produjo sus frutos, ya que sirvió de estímulo para la conformación de los clubes deportivos, que en ese tiempo jugaron su rol y se constituyeron en un freno para el auge que en esos momentos tenían los drogas en nuestra juventud. Pero como es una costumbre en nuestro municipio, el entusiasmo y la motivación no marchan siempre acompañados de la organización y la planificación, y los proyectos palidecen y se desvanecen en el tiempo.

A partir de esa etapa, el baloncesto se desarrolló con altas y bajas, se realizaron torneos superiores con refuerzos de mucha calidad, pero predominando siempre la improvisación y espontaneidad, situación que fue sentando las bases para que el Ayuntamiento se constituyera por varios años en el ente organizador de esos encuentros deportivos, lo cual ha sido variado en el torneo que se desarrolla.

Como una forma de hacer una contribución a la organización definitiva del baloncesto en el municipio, hace algunos años elaboramos unos reglamentos y línea programática, en los cuales proponíamos la creación de la Asociación de Baloncesto de Río San Juan, que tendría como fundamento los clubes deportivos, que actuarían como una institución con base jurídica, estructural y organizativa. Este nuevo sistema suplantaría el esquema actual de organizar los encuentros con la estructura de los componentes de los equipos y se establecería un esquema de una asociación municipal rectora y los clubes como soporte.

Este reglamento fue discutido y aprobado por todos los equipos en asambleas realizadas en el Ayuntamiento, pero, sin ninguna explicación, fue engavetado y tirado al saco del olvido, continuando con el estilo tradicional, que no ha permitido que en 25 años de celebrarse esta importante actividad deportiva, podamos proyectar un baloncesto con el nivel técnico y organizativo que demandan las circunstancias y que nos permita insertarnos en el sistema regional y nacional.

El baloncesto es la actividad deportiva que genera más entusiasmo y apoyo en Río San Juan, por lo que es necesario tomar la determinación de estructurar la Asociación de Baloncesto, organizando los clubes como su base de sustentación, aprobando unos reglamentos y elaborando unos estatutos que sirvan para la implementación de una normativa orgánica y disciplinaria. Estaríamos pretendiendo, sin considerar que sería una vana esperanza, que esos clubes organizados, con visión y objetivos claros, puedan responsabilizarse de la formación y conducción de nuestros niños y jóvenes, inculcándoles hábitos humanos y deportivos que se conviertan en su estilo y norma de vida.

En la medida que esa nueva generación de baloncestistas sea formada con una nueva visión, con dedicación, disciplina, fundamentos y paciencia, se estaría sentando la base para que, en un período de algunos años, estuviésemos observando la posibilidad de que muchos de esos jóvenes traspasen el ámbito de nuestro municipio y provincia hacia horizontes hasta ahora considerados inalcanzables.

Un fenómeno atmosférico, sus efectos y enseñanza
21 febrero, 2015

Estado en que quedaron los aproches del Puente sobre el río San Juan.

De manera sorpresiva la provincia María Trinidad Sánchez, específicamente el municipio de Río San Juan, fue severamente golpeado por un fenómeno atmosférico, provocando una creciente inusitada de los ríos, con grandes inundaciones que han afectado el desenvolvimiento normal de muchas comunidades.

Al momento de escribir este artículo, los municipios de Cabrera y Río San Juan se mantenían incomunicados con el municipio cabecera de Nagua.

Esta sorpresiva situación ha causado graves inconvenientes, que van desde cuantiosas pérdidas en las plantaciones de arroz, así como daños a las carreteras, los caminos vecinales y, sobre todo, a cientos de humildes ciudadanos que prácticamente lo han perdido todo, observando con impotencia cómo las embravecidas aguas les arrancaban sus pocas pertenencias.

Por el momento se ha reportado una víctima fatal y varios heridos, y gracias a la intervención rápida y oportuna de los organismos de rescate, las consecuencias no han sido peores. Nos desenvolvemos en medio de un caos generalizado, pues la incomunicación produce muchos efectos intangibles, tanto al comercio como a las actividades académicas, así como la incertidumbre por la muerte y desaparición de cientos de animales, principalmente vacas y toros.

El municipio de Río San Juan, diríamos que fue el más afectado, ya que el río penetró en los barrios populosos como Acapulco, New York Chiquito, Buenos Aires y El Bronx, ocasionando innumerables pérdidas, afectando a cientos de personas, muchas de las cuales tuvieron que abandonar sus viviendas y refugiarse donde amigos, familiares o lugares improvisados.

Pero, lo más delicado de toda esta incertidumbre que han vivido los riosanjuaneros, que según el criterio de sus moradores no recuerdan una subida del río de tanta magnitud, es hasta donde esto haya afectado las plantas de electricidad. Como todos hemos observado a través de fotos y videos, estas plantas fueron prácticamente sumergidas en el agua, lo cual ocasionó graves daños, según los expertos.

Hasta el momento se está haciendo una evaluación de los efectos que recibieron las plantas, para luego informar con todos los elementos disponibles a la ciudadanía de la real situación y el tiempo que se tomará repararlas. Lo que sí es una realidad es que debemos prepararnos para enfrentar las dificultades, tanto con la luz como con el agua. En relación al puente, los ingenieros de Obras Públicas también harán su evaluación. Todos somos testigos que el jueves una comisión de ingenieros de Inapa visitó a Rio San Juan para realizar un levantamiento y evaluación, con la finalidad de resolver el problema de la planta de tratamiento y el procesamiento de las aguas en estado turbio.

La naturaleza en determinados momentos actúa de manera sorpresiva, violenta y destructiva, lo cual es algo que no podemos controlar, teniendo miles de ejemplos de cómo estos fenómenos han arrasado comunidades, pueblos y ciudades en un abrir y cerrar los ojos, fenómenos que van desde terremotos, huracanes, inundaciones y tsunamis. Por ejemplo, en los años 40 tuvimos un terremoto categoría 8 con epicentro en Matancitas, el cual produjo un tsunami que hizo que el mar penetrara varios kilómetros en tierra, provocando en ese tiempo miles de muertos; imagínense que ocurriera en estos momentos, 70 años después y con la población que tenemos.

Entiendo que la enseñanza que debemos obtener de esta situación es la importancia que significa mantener el municipio unido en torno a los objetivos fundamentales, que son el desarrollo y el progreso. Las diferencias nunca deben alcanzar el nivel de separarnos cuando esté envuelto un interés general y colectivo, ya que Río.

De Corella a New York
22 octubre, 2016

Por varios años se ha hecho una costumbre el encuentro de los riosanjuaneros en España, que es, después de Estados Unidos, el país donde vive una mayor cantidad de dominicanos y también nativos de Río San Juan. Luis Hernández y Alfonso Marte han sido los que han llevado la iniciativa para estos encuentros, conjuntamente con el gran anfitrión Yovi Liriano, responsable de garantizar la organización y planificación en ese país europeo.

Sin lugar a dudas, estos encuentros anuales que se realizan en el mes de septiembre, desde mi punto de vista, son una contribución sana para la socialización de cientos de riosanjuaneros, que sirve para estrechar los lazos de amistad, hermandad y solidaridad de los que habitan en ese país y aquellos que deciden traspasar las fronteras para compartir en un ambiente de compañerismo.

Esperamos que esa tradición se mantenga y cada año crezca, porque todo lo que signifique compartir sin objetivos económicos, políticos y religiosos, sino por el simple hecho de pasar unos días distendidos, de fiestas, risas, anécdotas y recuerdos, es una manera de refrescar la mente para todos aquellos que tienen que trabajar duro, con esfuerzo y hasta discriminación, para sostener su familia y ayudar a los familiares que quedan en esta comunidad.

Todo aquel que esté en condiciones económicas, familiares, de salud y de tiempo disponible, que prepare sus maletas y se vaya el próximo septiembre para Corrella.

Asimismo, quiero tomar lo que se ha hecho una tradición en España y se convierta en una experiencia de todos aquellos que viven en Estados Unidos, emulando a sus símiles de Europa, para realizar un tipo de encuentro parecido una vez al año, en junio podría ser, lo que encajaría perfectamente para los de este lado.

Ese encuentro, por la gran cantidad de riosanjuaneros que vive en New York, sin discusión esa sería la ciudad anfitriona y permitiría por 3 días un desplazamiento de todos los que viven en otras localidades, así como una gran cantidad de nativos de Río San Juan. Esa "juntadera" podría abarcar actividades deportivas, sociales y culturales, entre otras. .

Me atrevo a sugerir que por el peso que representa Costa Verde como centro de unidad de los riosanjuaneros, sirva de ente de coordinación, con un equipo creado para esos fines. Luis Hernández, por su indiscutible experiencia en estas actividades, debe encargarse de coordinar la parte que tiene que ver con los visitantes riosanjuaneros que viven en toda la República Dominicana.

La propuesta está en el aire, y desde ahora me comprometo a asistir a ese encuentro.

Los 60 metros, Playa Grande y la pleamar
6 octubre, 2013

Licenciado Luis Estrella, director general de Tránsito Terrestre del Ministerio de Obras Públicas.

Hemos considerado oportuno hacer algunas precisiones sobre el límite de los 60 metros, partiendo de las villas que el Proyecto Playa Grande está construyendo, las cuales, según las investigaciones que hemos realizado, violan este precepto legal, lo que podría estar ocurriendo por ignorancia o desconocimiento de los ejecutivos de la obra. En una ocasión visitamos el proyecto y, al medir la distancia, comprobamos que no estaba a más de 13 metros del mar, por lo que dimos la alerta en ese momento; pero hemos notado que las cosas han seguido igual y las construcciones no se han detenido, por lo que se hace necesario retomar el caso y aclarar que se debe partir de la pleamar o marea alta, y no de la baja mar, o marea baja, como parece que ha sido el criterio que ha primado, en una interpretación equivocada de la ley sobre el punto de partida de los 60 metros. Veamos lo que dice la ley 305-68, que al referirse a la zona marítima establece que ésta se mide desde la línea a la que asciende la pleamar ordinaria, hasta los 60 metros tierra adentro, y abarca todas las costas del territorio nacional, o sea, que no se parte de la baja mar, como mal se ha interpretado, sino de la pleamar. Es importante aclarar cuál es la autoridad competente para regular esta situación, pues he visto mucha confusión en ese sentido, quizás por ignorancia, deseo de ayudar o simplemente por extralimitación de funciones. Pero para esclarecer el panorama, vamos a partir de la Ley General sobre medio ambiente y recursos naturales, la 64-00. En su Art. 146 dice: " El Estado dominicano asegurará la protección de los espacios que comprenden los bienes de dominio público marítimos, terrestres o costas y garantizará que los recursos acuáticos, geológicos y biológicos, incluyendo flora y fauna comprendidos en ellos no sean objeto de destrucción, degradación, menoscabo, perturbación, contaminación, modificación inadecuada, disminución o drenaje". El Art. 147 es muy específico, e incluye dentro de los bienes de dominio público marítimo-terrestre, "la franja marítima de 60 metros de ancho a partir de la pleamar, según lo prescribe la ley 305". Para dejar todo claro en relación a la autoridad competente, el Art.13 de la ley sectorial sobre recursos costeros establece que "corresponde a Medio Ambiente el ejercicio de las atribuciones sobre la administración, protección, conservación, uso y manejo de los recursos costeros y marítimos y de los ecosistemas de las aguas interiores". Aclarado el panorama, las autoridades responsables de fiscalizar y garantizar la aplicación de la ley deben actuar de inmediato en este caso, para que después no se esgriman argumentos que justifiquen las construcciones, apelando al criterio de que lo hecho, hecho está, como normalmente pasa en este tipo de situaciones. En la medida que esperamos que los estamentos legales actúen, es importante mantenerse vigilante, y de manera unificada exigir el cumplimiento de la ley, que expresa, con toda claridad, que los 60 metros comienzan a partir de la pleamar o marea alta. Así que, manos a la obra, autoridades de Medio Ambiente; el pueblo de Río San Juan espera por ustedes.

Adoptivo o nativo me siento riosanjuanero
18 enero, 2018

Por una comunicación enviada por el alcalde Alberto Alonzo y la presidenta de la Sala Capitular, Arabella Martínez, nos enteramos que en la última sección realizada por ese organismo, habíamos sido declarado como hijo adoptivo de Río San Juan. En verdad debo reconocer que en principio me sorprendí, por la sencilla razón de que me había olvidado que no era nativo de ese municipio.

Esa es la realidad, no soy riosanjuanero de nacimiento, como no lo soy tampoco de Santiago, aunque son dos pueblos a los que por múltiples razones estoy profundamente vinculado. Vine a la vida en el municipio de Cayetano Germosén, perteneciente a la provincia Espaillat, por una situación coyuntural, pues al momento de mi nacimiento mi padre se desempeñaba como Juez de Paz. Antes de cumplir el año ya nos habíamos marchado y jamás he vuelto a tener vinculación alguna con esa comunidad.

En parte me siento ser de la ciudad de los 30 caballeros, ya que toda mi familia, padres y hermanas, son nativos de ese municipio, además una gran parte de mi vida discurrió en esa metrópoli. Por otro lado, también me siento ser de Río San Juan; llegué un domingo de septiembre del 1982, y desde entonces los riosanjuaneros me asumieron como parte de ellos. Además mi amada esposa es riosanjuanera de pura sepa, criada en la Galleta Vieja (Las Flores), colindando con la belleza sublime de la Laguna Gri Grí, donde inició su destreza en la natación, así como sus habilidades adquiridas en la pesca de bulgaos en los cabos del Océano Atlántico y, sobre todo, su amor al trabajo, desarrollado al acompañar a su madre, Doña Nani, a sus labores en el río de la comarca.

Quiero agradecer a los miembros de la Sala Capitular, a su presidenta, Arabella Martínez, alguien que hasta hace poco sólo conocía como la hermana de mi gran amigo, el doctor Jorvi Martínez, y que ha demostrado tener una gran capacidad de trabajo, una sensibilidad social incuestionable, una actitud siempre positiva y un carisma que sin lugar a dudas la ha colocado en el corazón de la mayoría de los riosanjuaneros.

Además, a mi amigo de muchos años Ramoncito, como le decimos, un comunitario y fajador en la zona rural y específicamente en Los Cajuiles, su hogar natural. Al joven Miguelo Acosta, prometedor dirigente del PRM, hijo de un gran amigo nuestro y padre de Milán, que ya es parte de mi familia. A mi compañero de partido y amigo de muchos años, Miguel Martínez; y a una persona que aunque no estaba presente por problemas de salud, la doctora Sunilda Hernández, estoy seguro de su apoyo y solidaridad, quien es parte de una familia a quien me unen vínculos profundos desde mi llegada a Río San Juan.

Quiero, al mismo tiempo, agradecer a dos personas que aunque no participan de la votación en estas decisiones, estoy seguro fueron parte moral y solidaria de la misma. La Vice Alcaldesa Fidelina José, un ser humano único y especial, excelente amiga, solidaria y de sentimientos muy sanos y nobles, trabajadora y gran comunitaria y activista social. También al alcalde Alberto Alonso, con quien siempre he tenido una estrecha relación de amistad, aunque en determinados momentos las diferencias políticas nos han separado, no obstante siempre manteniendo esas diferencias con respeto y consideración. Ahora, como aliados políticos, las relaciones han mejorado significativamente, manteniendo niveles de colaboración, comunicación y solidaridad en todos los momentos y circunstancias, siempre que se dirijan en beneficio de la población, lo cual se mantendrá, ya que entiendo que la unidad Gobierno-Municipio es la mejor garantía de que las cosas funcionen mejor y los beneficios colectivos sean mayores.

Mi historia de más de 30 años de vinculación con Río San Juan está ahí, los aportes que las circunstancias nos han permitido realizar en beneficio de la comunidad también están ahí, desde el deporte hasta obras diversas y acciones a favor de particulares. Aunque es oportuno aclarar que nunca he hecho nada buscando reconocimientos, ni posiciones y menos beneficios políticos o económicos, por eso nunca he aspirado a ninguna posición en la provincia María Trinidad Sánchez

Simplemente he actuado de acuerdo a mi naturaleza, desde lo más profundo de mi ser, con una visión siempre positiva. Tengo que reconocer que como humano he cometido muchos errores, los cuales siempre en mi evaluación personal hago lo posible por corregirlos y continuar por el camino hacia lo positivo. También entiendo que cuando haces cualquier labor en la vida, siempre encuentras obstáculos en el camino, lo que siempre he reconocido como normal y realizado todo el esfuerzo para manejarlos con prudencia, paciencia, perseverancia, sin odios ni resentimientos.

También debo admitir que en determinadas circunstancias esa oposición a acciones positivas me han provocado desaliento, desencanto y muchas veces decepciones, pero siempre llego a la conclusión que la gran mayoría de los riosanjuaneros no piensa de esa manera, que se trata de una minoría, muy activa por cierto. Eso lo he comprobado por las mediciones que de vez en cuando hacemos, lo que siempre arroja menos de un 10% de la población con esos rasgos negativos.

Como lo he establecido de manera pública y privada, estaré concentrado en cuestiones generales del municipio, impulsando por ahora el asfaltado y luego lo del saneamiento de la Laguna Gri Grí. Cuando esto concluya, necesariamente vendrá un retiro natural, para que otros continúen esa labor y con más energía impulsen otros cambios necesarios para el desarrollo económico de Río San Juan.

Finalmente quiero decirle al pueblo de Río San Juan, que aunque agradezco en el alma esta distinción de la Sala Capitular, Adoptivo o Nativo, me siento riosanjuanero.

Capítulo IX
Temas controversiales y anécdotas

Mi salida de la DGTT
3 octubre, 2017

Por razones diversas me voy a referir por primera vez y última vez a mi salida de la DGTT.

Puedo afirmar, con toda la autoridad posible, que me integré con entusiasmo y sinceridad al proceso de transición de lo que hoy es el Intrant, para se produjera sin el menor trauma posible y tuviera garantizado un éxito indiscutible. Luego de concluido el proceso y oficializada la nueva entidad que desde ese momento regiría todo lo relativo al tránsito, transporte y seguridad vial, recibí una propuesta del ministro de la Presidencia, de pasar, conjuntamente con Héctor Mojica, a ser asesores generales del Intrant, con las mismas condiciones en términos de salarios que teníamos en nuestras instituciones ya disueltas, (DGTT y OTTT). De mi parte decidí no aceptar esa propuesta, lo cual también hizo Héctor Mojica, por lo que, pasado un mes de esta situación, el ministro Gonzalo Castillo me llamó por teléfono y me propuso una posición de relevancia en el Intrant, lo cual es reiterado al poco tiempo por el ministro Montalvo, también con una llamada telefónica. Esta propuesta la rechazamos, sin dejar de externarle mi agradecimiento por sus intenciones. Es posible que existan múltiples razones para que asumiéramos esta posición, pero la determinante, sin ninguna duda, fue la de no haberse materializado nuestra solicitud, primero, y la orden, después, del presidente Danilo Medina, en el sentido de que fueran reintegrados más de 100 compañeros cancelados por el MOPC, justamente un mes después de las elecciones, los cuales ejercían labores como contratados de la DGTT en la provincia María Trinidad Sánchez. En este caso no se puede alegar que esto se produjo por una disposición administrativa que afectaba a los contratados en ese momento, ya que en toda las áreas gubernamentales hay miles de contratados, incluyendo en el propio MOPC. Es posible que para otros sea algo normal haber aceptado una posición y un lujoso salario siguiendo en la misma área en la que muchos humildes compañeros fueron cancelados sin ninguna justificación, a los pocos días de haber trabajado con firmeza y determinación partidaria para que nuestros candidatos lograran el nivel de apoyo que tuvieron. Soy un fiel seguidor de Danilo Medina y, como se lo comuniqué a él personalmente, mi compromiso y lealtad no dependen de ningún cargo. Todos los que me conocen saben que soy una persona de una sola posición, que como el titanio, no me doblo, y que en todos los momentos, en los buenos y en los malos, he estado al lado del Presidente.

No soy un ser humano que actúa por cargos ni salarios, aunque sí me lastima cuando algún funcionario actúa sin sensibilidad, lanzando decenas de humildes padres de familia a pasar hambre y trabajo, y vivir en la pobreza. Estoy confiado en que el Presidente solucionará ésta situación, para devolverles la alegría y felicidad a más de 100 familias de nuestra provincia.

Por mí no se preocupe, Presidente, siempre estaré a su lado desde cualquier circunstancia; sólo espero que esos humildes peledeístas, que sí lo necesitan, vuelvan a ser parte de su Gobierno.

La DGTT, el Intrant y el deber cumplido
14 junio, 2017

Todo está previsto para que a finales de Junio comience a funcionar la nueva ley de Tránsito y Trasporte (INTRANT), lo cual implica la desaparición de varias instituciones que tienen que ver con el tránsito, transporte y seguridad vial, así como el cambio de denominación estructural de otras, que seguirán operando como prestadoras de servicios, como la OMSA y la OPRET.

Nos sentimos satisfechos con la labor realizada durante 7 años al frente de la Dirección General de Tránsito Terrestre (DGTT), compromiso que desarrollamos con grandes dificultades y limitaciones, ya que, por circunstancias especiales, la DGTT es la única Dirección General creada por ley que siempre funcionó sin un presupuesto de gastos, lo que motivó que escribiera un artículo llamándola: " La DGTT; la más incomprendida".

En realidad, la DGTT fue la institución madre del tránsito, el transporte y la seguridad vial. Creada el 28 de marzo de 1967, mediante la ley 65-66, con las funciones de coordinar todo lo relativo al tránsito y trasporte en todo el país, así como lo relativo a la seguridad vial y licencias de conducir. Esa ley cuando fue promulgada también le daba la responsabilidad a la DGTT de todo lo relativo al registro de vehículos y conductores, expedición y renovación de matrículas, así como el traspaso de vehículos de motor.

Aunque la DGTT fue creada como organismo rector del tránsito y el transporte, con el tiempo esto se fue desvirtuando, y en vez de fortalecerla e institucionalizarla, se fueron creando otras instituciones con funciones similares, en gran medida por el clientelismo político y en otras circunstancias por acciones económicas. De ahí aparecen los decretos y las medidas administrativas, en franca violación a la ley.

La primera institución que se crea en 1987 por el decreto 489-87, es la Oficina Técnica de Trasporte (OTT), como una dependencia del Poder Ejecutivo. Luego, en 1997 por el decreto 448-97, se fundó la Oficina Metropolitana de Servicios de Autobuses (OMSA). Ese mismo año, 1997, se creó por el decreto 393-97 la Autoridad Metropolitana de Trasporte Terrestre (AMET).

En el 2005, y por el decreto 477-05, se creó la Oficina para el Reordenamiento del Trasporte (OPRET). En el 2007 y mediante el decreto 250-07 se creó el Fondo de Desarrollo de Trasporte Terrestre (FONDET), adscrito a la OPRET. Como hemos podido comprobar, tras 50 años de creada la DGTT, se fueron tomando medidas que más que contribuir a la solución del tránsito, el trasporte y la seguridad vial en el país, lo que hicieron fue atomizar este sector, creando duplicidad de funciones y mermando la autoridad de la institución madre creada por ley, la DGTT, que además contaba con dos leyes que les servían de marco jurídico, como es la 241 y la 222, ambas promulgadas en 1967.

A nosotros nos correspondió por 7 años dirigir la DGTT, lo cual hicimos dentro de grandes dificultades y limitaciones, sin presupuesto, ni nómina propia, lo que contrastaba con las demás instituciones del sector, que a pesar de ser creadas con atribuciones de la Dirección de Tránsito Terrestre, todas tenían autonomía y presupuestos propios, así como su nómina y otras prerrogativas.

Por eso reitero que la DGTT fue la gran incomprendida, una Dirección General, con grandes responsabilidades y presión social, facilitando que una gran cantidad de ciudadanos usen sus servicios, pero que en la práctica fue reducida a un Departamento de Obras Públicas, organismo que asumió de manera administrativa muchas de sus funciones otorgadas por ley.

Con esto no quiero culpar a nadie, simplemente fueron cosas que ocurrieron con el tiempo por falta de institucionalidad, que la creación del INTRANT de seguro vendrá a subsanar, dándonos una ley integra, que es posible fueran las intenciones de los que aportaron la ley 65-66, pero que las circunstancias todavía no estaban maduras para que funcionara como había sido concebida. Esta ley, la 63-17, es un gran reto, que necesitará de mucha voluntad para su funcionamiento real y, sobre todo, conllevará un largo proceso de asimilación de parte de la sociedad.

La ley 241 y 222 fueron muy avanzadas para su época, al punto que en la actualidad la mayoría de sus artículos son aplicables, por lo que la ley 63-17 en la práctica lo que vino fue a actualizar estas leyes, adaptándolas a una nueva sociedad y aportando muchos elementos acorde a un país que marcha hacia la modernidad y a su total tecnificación, específicamente en lo que tiene que ver con el transporte. Como decía el ministro Montalvo, que esta es una ley complicada, por lo que deberá estar acompañada de una gran campaña de publicidad y concientización dirigida a la población.

De nuestra parte, nos sentimos con el deber cumplido, de haber logrado de la DGTT, con todas sus limitaciones, una institución modelo a nivel de transparencia, de haberle quitado la etiqueta de corrupción que siempre la caracterizó y de haber eficientizado sus servicios. Hoy puedo decir con gran satisfacción, que entrego una institución organizada, eficiente y, sobre todo, transparente.

Desde cualquier lugar que me encuentre, seré un aliado incondicional para la ejecución y funcionamiento positivo del INTRANT, porque nuestro país necesita esa institución para comenzar a resolver uno de sus grandes retos: La organización del tránsito, el transporte terrestre y la seguridad vial.

La DGTT, la más incomprendida
15 septiembre, 2013

De las instituciones en el país que tienen que ver con tránsito, transporte y seguridad vial, la Dirección General de Tránsito Terrestre (DGTT) es la única que siempre ha funcionado, y todavía funciona, sin un presupuesto de gastos, siendo, al mismo tiempo, la única dentro de esa gama de instituciones creadas por ley , a mi entender, en 47 años, la gran incomprendida.

El 28 de marzo de 1967, mediante la ley 65-66, se creó la Dirección General de Tránsito Terrestre, adscrita a lo que en ese tiempo era la Secretaría de Obras Públicas y Comunicaciones (SOPC), con las funciones de coordinar todo lo relativo a tránsito y transporte en todo el país, así como lo concerniente a la seguridad vial y licencias de conducir. Esa ley también le daba la responsabilidad a la DGTT, aunque luego fue modificada, de todo lo relativo al registro de vehículos y conductores, expedición y renovación de matrículas, así como también al traspaso de vehículos de motor.

Luego de creada la DGTT con estas atribuciones, se formaron, a través del tiempo, varias instituciones con funciones similares.

Primero, en 1987, la Oficina Técnica de Transporte Terrestre (OTT), por el decreto 489-87, como una dependencia del Poder Ejecutivo, con la función de planificar, organizar y controlar el transporte de pasajeros, así como de reglamentar el funcionamiento de las terminales de pasajeros. Luego, en 1997, por el decreto 448-97, se crea la Oficina Metropolitana de Servicios de Autobuses (OMSA), dependiente del Poder Ejecutivo y con el propósito de dar servicios de preparación, mantenimiento, reparación y despacho de la flota de autobuses de transporte público de la ciudad de Santo Domingo.

En el 1997, también se crea la Autoridad Metropolitana de Transporte Terrestre (AMET), mediante el decreto 393-97, dependiente de la Presidencia de la República, que luego fue modificado para depender de la Policía Nacional, con la función de ser un ente de regulación y fiscalización del transporte terrestre en el área metropolitana.

En el 2005, y por el decreto 477-05, se crea la Oficina para el Reordenamiento del Transporte (OPRET), con la función de diseñar y presentar a la Presidencia de la República un proyecto de política integral de trasporte, así como para conformar una Autoridad Autónoma y Única del Tránsito y Trasporte.

En el 2007, mediante el decreto 250-07, se crea el Fondo de Desarrollo de Transporte Terrestre (FONDET), adscrito a la OPRET, y cuya finalidad sería la de administrar los recursos financieros requeridos para implantar los principales proyectos de desarrollo del sector transporte.

Al seguir la pista a estos acontecimientos en relación al tránsito, transporte y seguridad vial, podemos llegar fácilmente a la conclusión de que todas las acciones y medidas que se han tomado en un período de tiempo de más de 47 años, se han caracterizado por la improvisación, anarquía, duplicidad de funciones y, sin lugar a dudas, para complacer, en situaciones específicas, a sectores interesados; y bajo ningún concepto, responder a una política de planificación a corto, mediano y largo plazo en relación a un problema tan acuciante como es el tránsito y el transporte.

La Dirección General de Tránsito Terrestre (DGTT) no sólo está fundamentada en la ley 65-66, que la creó, sino en la ley 241, del 28 de septiembre de 1967, y la 222, del mismo año, que constituyen el marco jurídico en que se fundamenta esta institución, el cual, por el mismo desorden institucional, ha sido desvirtuado, llegando esta situación a un nivel de violación a la ley, que podríamos decir, con sobrado juicio de valor, que en estos momentos la DGTT es sometida a un proceso de desintegración paulatina, en el cual muchas de sus funciones no sólo han sido suplantadas por los decretos que han creado otros organismos, sino que, de manera administrativa, otras han pasado al MOPC.

Aun con este panorama sombrío, la DGTT, sin apoyo ni presupuesto de gastos, se mantiene dando un servicio de calidad en lo relativo a la licencia de conducir, realizando más de 300 mil operaciones anuales, entre licencias, carnet de aprendizaje, renovaciones, cambios de categoría, etc., en un ambiente de seguridad y transparencia, tanto en su sede central como en las oficinas regionales, los módulos y las móviles que se desplazan por todo el país, realizando además una labor social y de beneficio económico para los habitantes de los pueblos más lejanos.

Finalmente, aunque usted no lo crea, Tránsito Terrestre produce por recaudación alrededor de 400 millones de pesos anuales, los cuales se distribuyen entre el MOPC, Impuestos Internos y el Banco de Reservas, o sea, que estamos hablando de una institución que produce para considerarse auto-sostenible, pero, por razones que no entendemos, y quizás nunca lo entendamos, no maneja un presupuesto de gastos, como lo hacen otros órganos de menos responsabilidad y jerarquía, por lo que me tomo el atrevimiento de decir, que la Dirección General de Tránsito Terrestre es la gran incomprendida.

Muertes por accidentes de tránsito: Mayor conciencia ciudadana y rechazo a una tergiversación deliberada

17 noviembre, 2014

En los últimos tiempos hemos visto con mucha preocupación la actitud deliberada de determinados sectores del país de tergiversar la realidad en relación a los muertos por accidentes de tránsito, logrando con sus malsanos propósitos que la República Dominicana haya sido incluida en el informe de la OMS como el segundo país en promedio de muertes por accidentes de tránsito, y como si esto no fuera poco, haber sido catalogado en el libro Guinness como la nación con las carreteras más peligrosas del mundo.

Estos sectores, motivados por intereses particulares y pecuniarios, le han hecho un gran daño a la imagen del país, suministrando informaciones a los organismos internacionales que contradicen los datos oficiales de las instituciones responsables de su estudio y control, logrando crear una percepción en los medios locales que ha permitido crear una confusión de informaciones que da como un hecho que somos el segundo país con mayor cantidad de muertes por accidentes de tránsito, con un promedio de 42 por cada 100 mil habitantes.

Todos los datos oficiales contradicen esas informaciones, pues la Autoridad Metropolitana del Transporte, la Procuradora General de la República, la Policía Nacional, Estadísticas, etc., coinciden en que los muertos por accidentes de tránsito en nuestra nación se mantienen entre 1,800 y 2,000 anuales; lo que arroja un promedio de 18 a 20 por cada 100 mil habitantes, para lo cual no hay que ser un gran matemático deducirlo en un país de 10 millones de habitantes.

Este promedio nos coloca ligeramente por encima del promedio en América Latina, que es de 16 por cada 100 mil y del mundo, que es de 14 por cada 100 mil, pero todavía nos mantiene muy lejos de los países africanos, donde la gran mayoría sobrepasa los 40 por 100 mil habitantes.

De esos 1,900, que es el promedio en República Dominicana, el 70% de esas muertes corresponde a motoristas, en la mayoría de los casos por manejar sin casco y bajo los efectos del alcohol o las drogas, lo que apunta inevitablemente hacia ese sector si en realidad queremos bajar las muertes por accidentes de tránsito, pues estamos hablando que de 1,900 promedio de muertes por accidentes, 1,300 son motociclistas. La ley 241 establece en su artículo 135 que :"Toda persona que conduzca una motocicleta en las vías públicas deberá conducirla solamente sentado en su asiento regular y no deberá transportar a ninguna otra persona, a menos que sea en un asiento trasero adicional complementado con agarraderas y estribos". Este artículo ha sido derogado en la práctica, al convertirse los "motoconchos" en una realidad social y económica, pero le corresponde a las autoridades evaluar esta situación para poder tomar las medidas que garanticen una disminución de las muertes por accidentes de tránsito.

En realidad los accidentes de tránsito se han convertido en una epidemia mundial, en la que cada año muere 1 millón 200 mil personas, 50 millones quedan mutilados y más de 100 mil millones de dólares son invertidos para enfrentar este problema. Las muertes por accidentes de tránsito constituye la 8va.causa de muerte en el mundo, previéndose que en unos años bajará a la quinta, siendo la primera causa de muerte cuando se trata de jóvenes entre 15 y 29 años. El 90% de esas muertes ocurre en países pobres, lo que demuestra que esta situación está íntimamente vinculada a la educación y conciencia ciudadana.

En nuestro país las muertes por accidentes de tránsito es la segunda causa de decesos violentos, con un 42%, detrás de los homicidios, con un 48%, representando los suicidios el 10%.

Esta es la verdadera realidad en nuestro país; las informaciones que llegan a los organismos internacionales son suministradas por personas sin calidad para ello, violentando todos los procedimientos y, sobre todo, contribuyendo a conformar una imagen que solo beneficia a las compañías aseguradoras y a presionar al gobierno y al Congreso para lograr la aprobación de proyectos de corte esencialmente particulares y contrarios al interés general del país.

En Estados Unidos las muertes por accidentes de tránsito son de 34 mil anuales, un promedio de 10 por cada 100 mil, pero producen 240 mil heridos, pérdidas de 4,800 millones de horas de trabajo, consumo de mil 900 millones de galones de gasolina. Ante este panorama, Google está desarrollando el auto sin conductor, el cual plantea tenerlo funcionando en menos de 10 años, lo que reduciría enormemente el parque vehicular, por lo que estiman que evitaría las muertes por accidentes de tránsito en un 90%.

Es posible que nuestra isla no esté a ese nivel, pero sí estamos en condiciones de tomar una serie de medidas que tiendan a controlar y bajar las muertes por accidentes de tránsito, logrando promover una mayor educación y de manera especial elevando el nivel de conciencia ciudadana, que permita un mayor nivel de aceptación y respeto de los conductores hacia nuestra legislación.

Datos contradictorios de la OMS y la Procuraduría sobre Muertes por Accidentes de Tránsito en el país

La Organización Mundial de la Salud -OMS-, así como la Procuraduría General de la República, han emitido datos contradictorios en relación a las muertes por accidentes de tránsito en la República Dominicana, los que reflejan una diferencia abismal que crean dudas y una gran confusión que es importante analizar para tratar de llegar a un punto que refleje nuestra verdadera realidad en materia vial.

En su más reciente informe sobre la situación mundial de la seguridad vial, la OMS establece, entre una gran cantidad de informaciones de indiscutible valor para nuestra nación, que la República Dominicana es el segundo país en muertes por accidentes de tránsito por cada 100 mil habitantes, con 42 muertes fatales, colocándonos sólo por detrás de una pequeña isla del pacífico, lo cual viene a constituir un aumento importante en relación al último informe que esa misma institución rindió en el 2009, que colocaba a la República Dominicana con 17 muertes por cada 100 mil habitantes.

En tanto, la Procuraduría General de la República, en su último informe sobre muertes violentas ocurridas en el país, establece que del 2008 al 2012, en República Dominicana hubo 24,185 muertes violentas, para un promedio de 4,837 por año, siendo el homicidio la causa principal con un 50%; los accidentes de tránsito un 38% y los suicidios un 12 por ciento.

En ese período se produjeron 5 muertes por accidentes de tránsito diarios, precisando que en el 2009 hubo 1,873 muertes, para un 19.6 muertes por cada 100 mil habitantes; en el 2010 se reportaron 1,902 muertes, para 19.24 por cada 100 mil; en el

2011, 1, 803, para un 18.3; y en el 2012 se produjo una baja significativa, con 1,782, para un 17.8 por cada 100 mil habitantes.

Como podemos colegir de estas informaciones, los datos que ofrece la Procuraduría coinciden casi en su totalidad con el informe rendido por la OMS en el 2009, de casi 18 muertes por cada 100 mil habitantes, lo que se aleja notablemente con el informe de la OMS del 2013, que refleja un aumento de más de un 100 por ciento de muertes por accidentes de tránsito en República Dominicana, lo cual hace necesario una interpretación imparcial y equilibrada que nos permita determinar, sin apasionamientos ni prejuicios, una conclusión lo más auténtica posible, y sobre todo, lo más cercana a la verdad.

Lo primero que habría que determinar es de dónde provienen los datos que manejó la OMS, quién o qué institución oficial le proporcionó esas informaciones, y si no, cuál sería el grado de credibilidad de la persona u organismo privado que le suministró esos datos. Además, cuáles serían las intenciones e intereses de los informantes; si habría una intención marcada para presentar un panorama tétrico y sombrío sobre la seguridad vial en el país, y si un ambiente tan catastrófico sería la antesala para lograr objetivos posteriores.

Estas y otras preguntas entiendo que es importante formularlas, ante una distorsión de la realidad tan marcada y evidente.

Ciertamente, la situación del tránsito en el país es sumamente preocupante, aun partiendo de los datos oficiales; 18 muertes por cada 100 mil habitantes es mucho, pues estaríamos por encima del promedio de América Latina, que es de 16 y del promedio mundial, que es de menos 15, lo que necesariamente implica que debemos tomar urgentes medidas, que deben ir desde establecer una ley integral hasta brindar de parte del Estado, mayor ayuda técnica y humana, mayor inversión en la seguridad vial y, sobre todo, en la educación, la cual es imprescindible para lograr a largo plazo una sociedad más consciente de sus deberes y obligaciones en lo relativo a las leyes de tránsito, como por ejemplo, el 90 por ciento de las muertes por accidentes de tránsito ocurren en países de ingresos bajos y medios, siendo el promedio de los países con ingresos altos de 10 muertes por dada 100 mil habitantes.

La seguridad vial no es un problema sólo de nuestro país, es una epidemia mundial, como por ejemplo, las muertes por accidentes de tránsito sobrepasan el millón 200 mil personas al año y casi 50 millones de personas mutiladas, muriendo alrededor de 1,000 jóvenes diarios con menos de 25 años, estableciéndose que más de 400 mil jóvenes entre 15 y 19 años mueren en esas condiciones.

Los daños materiales sobrepasan los 100 mil millones de dólares anuales, demostrándonos estas cifras escalofriantes, pero reales, el carácter global de la seguridad vial, que en estos momentos es la octava causa de muertes en el mundo, estimándose que para el 2030 será la quinta, pero, y es lo más preocupante, los accidentes de tránsito constituyen la primera causa de muerte entre jóvenes de entre los 15 a 29 años.

El país necesita una ley integral que aglutine todas las instituciones que de una u otra manera tienen que ver con el tránsito y transporte, dándole una visión diferente a esta problemática. Soy de opinión que el país lo que necesita es la creación de un ministerio de tránsito, transporte y seguridad vial, como funciona en otros países, el cual constaría de varias direcciones generales adscritas, como serían la Dirección General de Licencias de Conducir, la Dirección General de Tránsito, que abarcaría lo que tiene que ver con señalización, rotulación, regularización de vallas y carteles, semáforos. etc.; la Dirección General de Transporte, que abarcaría todo lo relativo a vehículos públicos livianos y pesados, paradas, terminales, Omsa; la Dirección General de Fiscalización, que sería la parte represiva (lo que es Amet).

Esta es mi humilde opinión, por lo que en la medida que continúa la discusión en torno a cuáles mecanismos implementar para organizar el tránsito en el país, es necesario fortalecer dos frentes, el de la fiscalización y educación vial, pues como nos indican todas las informaciones, los errores humanos constituyen el 70 por ciento de muertes por accidentes de tránsito en República Dominicana.

Esto debemos hacerlo independientemente de los datos contradictorios que nos ofrecen la Organización Mundial de la Salud -OMS- y la Procuraduría General de la República sobre las muertes por accidentes de tránsito en el país.

Danilo Díaz, Isabel Bonilla y un servidor.
Una anécdota interesante.
6 octubre, 2017

Danilo Díaz, ministro de Deportes, es un gran amigo nuestro y de mi esposa, Isabel Bonilla, a quien le dispensamos una visita el pasado jueves, para exponerle la necesidad de techar la cancha municipal de Río San Juan. Aprovechamos la ocasión para recordar una anécdota que nos envolvió a los tres en el año 2001.

En ese momento Danilo Díaz se desempeñaba, al igual que en la actualidad, como director electoral del Partido de la Liberación Dominicana, y mi esposa Isabel aspiraba por tercera ocasión a repetir como diputada por la provincia Santiago, en esa oportunidad por la circunscripción No 3.

En ese tiempo la rigidez y disciplina que adornaban al PLD eran extremadamente exigentes, por lo cual cuando participabas en unas primarias para un cargo congresual o municipal, debías obtener más del 50% de los votos emitidos para poder ser considerado un candidato oficial, de lo contrario, tenías que ir a una segunda ronda con los más votados, que debían ser el doble de las candidaturas en disputa.

Recuerdo que en esa oportunidad sólo lograron obtener más del 50% en la primera ronda tres compañeros, uno en cada circunscripción; Abel Martínez, actual alcalde de Santiago, por la circunscripción No1; Julio César Valentín, actual senador por la provincia Santiago, por la circunscripción No 2; e Isabel Bonilla, actual magistrada del Tribunal Constitucional, por la Circunscripción No 3.

Luego de terminado el proceso electoral, en nuestra condición de estratega de campaña de mi esposa Isabel, anuncio que había logrado pasar la primera vuelta con un 50.8%. Al poco tiempo nos enteramos, a través de la actual diputada Magda Rodríguez, que en el centro de cómputos los números le daban a Isabel 49.9%, por lo que inevitablemente tendría que competir en la segunda vuelta.

Con las actas en las manos y mis cálculos revisados cientos de veces, nos dirigimos Isabel y yo al centro de cómputos, donde nos reunimos con Danilo Díaz, quien me tira los números en su programa electoral en el cual estaban digitados todos los resultados, y aparece Isabel con 49.9%. En esa situación, le digo a mi esposa que salga a tomar un aire, que el centro de cómputos tenía un error y que lo iba a encontrar.

Para mi fueron 4 horas de angustia y gran ansiedad, pues cada vez que revisábamos y tirábamos de nuevo los resultados, siempre eran los mismos 49.9%. Recuerdo que Danilo, con gran paciencia me decía: "Luis, no hay error, esos son los resultados, la computadora no se equivoca", a lo que siempre le respondía: "Intentemos de nuevo, porque hay un error, y lo voy a encontrar".

Después de más de cuatro horas, agotados y cansados, pero sin la intención de abandonar, por fin di con el error que estaba alimentando de manera distorsionada el programa de la computadora para arrojar esos resultados de 49.9% y no de 50.8% ,como reflejaban mis datos avalados en las actas de todos los intermedios y municipios.

¿Dónde estaba el error? En el municipio de Santiago había dos intermedios, el Máximo Cabral y el Máximo Cabral; el segundo, que era una división del primero, tenía 100 votantes y el intermedio madre tenía 300 votantes. En ambos intermedios Isabel había sacado más del 50%; en el madre 160 y en el hijo 55. Por un error, ambos intermedios aparecían con 300 votantes cada uno, lo que sumaba 600 votantes y no 400, como era en realidad.

Al bajar el número de votantes en el programa de la computadora, de inmediato se reflejó el 50.8% que indicaban mis datos.

Danilo Díaz me miró y recuerdo que me dijo: "Luis, eres un gladiador ", lo cual, con cariño, me repitió el pasado jueves cuando nos reunimos de nuevo los tres, él, Isabel y un servidor, aunque en esta ocasión para algo diferente y positivo.

En verdad esa equivocación o error involuntario pudo haber provocado una gran injusticia, lo que nos demuestra que cuando se entiende que tenemos la razón con argumentos, es importante persistir y no abandonar sin llegar hasta las últimas consecuencias. Era un error muy difícil de descubrir, ya que la revisión siempre la basábamos en los votos obtenidos y no en la cantidad general de los votantes reales, que era donde estaba la distorsión.

Esas elecciones del 2002 fueron las primeras con el voto preferencial y, tal y como pasó en las primarias, en el proceso electoral Isabel fue la más votada de Santiago, seguida por Abel Martínez, Máximo Castro Silverio y Julio César Valentín.

Esta experiencia nos enseña que cuando creemos en algo, debemos persistir, porque de lo contrario, podemos permitir que por una acción mal intencionada, o simplemente, como en este caso, por un error, prevalezca una decisión INJUSTA.

Loor a las mujeres
7 julio , 2017

En un emotivo acto, el Bloque de Diputados del Partido de la Liberación Dominicana dejó inaugurada la galería de ex voceros de la bancada peledeísta, la cual tuvo su primera representación constitucional en 1982, cuando fue su vocero Vicente Bengoa, siguiéndole Norge Botello, el actual presidente Danilo Medina, José Joaquín Bidó Medina, Octavio Lister, y el actual secretario general del PLD, Reinaldo Pared.

A partir del 2000 fueron voceros Ana Isabel Bonilla, actual jueza del Tribunal Constitucional; Julio Cesar Valentín, Teodoro Ursino, Elías Serulle, Alejandro Montás, actual administrador de la CASD; el periodista Domingo Páez, y los actuales diputados Víctor Suárez, Rubén Maldonado, Elpidio Báez y Gustavo Sánchez.

Como es notable en esos 35 años de vida congresual, el Bloque del PLD ha tenido 16 voceros, por el que han desfilado muchas figuras que han trascendido en la vida política, gubernamental e institucional del país, incluyendo al actual presidente, Danilo Medina Sánchez.

Asimismo, llama la atención que en esos 35 años y 16 voceros, sólo ha ejerció esa función una mujer, Isabel Bonilla, lo que nos lleva a la conclusión de que en el PLD, desde siempre, ha primado un fuerte criterio machista y que Isabel Bonilla, por tener condiciones especiales, ha sido la única mujer capaz de romper con esa visión partidaria y convertirse en la vocera peledeísta en los periodos 2000-2001 y 2001-2002.

Cabe destacar que a la licenciada Bonilla le tocó el difícil reto de ser vocera, estando el PLD en la oposición y en momentos en los cuales esa organización política y su presidente, Leonel Fernández, eran objeto de una fuerte persecución. Todos recordamos aquel día que Leonel Fernández se presentó a la Procuraduría y fue agredido con bombas lacrimógenas, y cuando la vocera convocó en plena calle a los diputados peledeístas y, en una arenga histórica, anunció que si Leonel era hecho prisionero, que fueran preparando una cárcel para todos los diputados.

Isabel Bonilla ejerció sus funciones de vocera del bloque del PLD con valentía, gallardía y en apego irrestricto a los principios de esa organización política, lo que es un claro testimonio que las mujeres, cuando se ofrece la oportunidad, son capaces de jugar un rol igual o de más calidad que los hombres.

Aunque hemos avanzado algún terreno en la igualdad de género, es indiscutible que todavía en nuestro país y, sobre todo en los partidos del sistema, predomina un fuerte criterio machista discriminatorio. Cuando se facilita la participación del género femenino, no se toma en cuenta sus condiciones intelectuales y de experiencia, sino que priman decisiones basadas en otro tipo de atributos.

A la mujer debe dársele su espacio en todos los estamentos de la sociedad, con hechos reales, sin usar artimañas como ocurrió en el pasado proceso electoral y que significan una vergüenza para el sistema de partidos en el país.

Así como Isabel lo demostró en su momento, hemos tenido otras damas en puestos de mando y lo han realizado su misión con un alto nivel, como es el caso de la actual vice presidente, Margarita Cedeño; la actual presidenta de la Cámara de Diputados, Lucía Medina; y otras mujeres que representan un ejemplo de dignidad, capacidad y trabajo, y que ponen en alto nuestra patria, dejando un legado positivo para las nuevas generaciones.

Ojalá el Bloque del PLD y de las demás organizaciones políticas, en un futuro no muy lejano, puedan exhibir una galería equilibrada de voceros y voceras. ¡Loor a las mujeres!

Tránsito Terrestre y una visión
por la trasparencia e institucionalidad
1 septiembre, 2014

Cuando fuimos designados Director General de Tránsito Terrestre, el 16 de Agosto del 2010, siempre estuvimos conscientes del reto que teníamos por delante al dar este paso, por la tradición e intereses que siempre han formado parte de la institución, que arrastran, desde su fundación, una amplia estela de acciones indebidas y corruptas.

Desde que asumimos nuestra función como Director de Transito, hemos venido adoptando una serie de medidas que han contribuido a transparentar la institución, de manera tal, que nos hemos constituido en un modelo de eficiencia y transparencia.

El desmantelamiento de algunas mafias que operaban desde la periferia de Tránsito, así como desde dentro de la misma institución, son hechos conocidos por todos, que han conllevado una serie de medidas disciplinarias, desde cancelaciones, hasta ajustes y traslados.

La implementación del examen práctico a través de un circuito cerrado, con cámaras y computarizado, ha sido un logro de magnitudes inconmensurable, que, sin lugar a dudas, ha tenido un impacto positivo para cambiar la visión y percepción que la ciudadanía tenía sobre esta Dirección General.

Es natural que cuando se tocan intereses económicos, se produzcan reacciones agresivas , amenazantes y violentas, las que hemos enfrentado con firmeza y determinación, sin temerle a las consecuencias que en determinados momentos han llegado a la intimidación y a las amenazas personales.

Siempre hemos establecido que mientras estemos al frente de esta posición, no cederemos un palmo a la corrupción, sin importar el chantaje, la presión y el argumento de que eso afecta a compañeros del partido, ya que los deja sin protección y el "boroneo" correspondiente.

Las instituciones, y Tránsito en particular, están para servir a la ciudadanía, no para permitir que particulares se beneficien a través de mecanismos ilícitos y cuestionables, porque, desde el momento que tenga que ceder a presiones amparadas en argumentos a favor de compañeros, entrego con dignidad y honor esta posición y me retiro de la administración pública.

Las últimas medidas que hemos tomado para proteger el delicado tema de la homologación de licencias con España, de acciones que pudieran afectar nuestras relaciones internacionales y un acuerdo con ese país, han provocado reacciones propias de mafias organizadas, hasta el punto de poner a circular pasquines injuriosos y perversos en nuestra contra y de los sub- directores.

El argumento siempre es el mismo, que eso afecta los compañeros, que están desprotegidos y sin apoyo, olvidándose que una institución estatal no es un centro de apañamiento de acciones indebidas, donde se permitan medios ilícitos para beneficio de particulares, y con más razón si son miembros de nuestro partido.

Debo reconocer el apoyo brindado por el presidente de la Circunscripción 2, Héctor Mojica, el cual me manifestó su total desacuerdo con las acciones de esos "compañeros", y su disposición de iniciar una investigación para tomar las medidas pertinentes y disciplinarias en contra de los autores de estas acciones vandálicas.

Finalmente, quiero reiterar que continuaré con mi agenda de adecentamiento y acciones disciplinarias en la institución, sin importar las consecuencias que de ello se pueda derivar, pues mi único compromiso es con la visión institucional y con la honestidad que ha establecido nuestro presidente Danilo Medina y el ministro de Obras Públicas, Gonzalo Castillo; así como con la ciudadanía y el pueblo dominicano.

El uso de las motocicletas y la criminalidad en el país
25 marzo, 2017

En agosto pasado emitimos una resolución acerca de las motocicletas. Era el primer intento serio por controlar la criminalidad en el país, pero en su momento no fue comprendida.

Sin embargo, los últimos acontecimientos de violencia provocados desde motores demuestran que era lo más correcto en ese momento.

Entendemos que el tema debe ser retomado y que se aplique la resolución para evitar que los delincuentes utilicen las motocicletas para sus actos criminales, que representan más del 90%.

He aquí su contenido:

RESOLUCION No. 02, AÑO 2016
DISPOSICION SOBRE EL USO DE MOTOCICLETAS EN EL TERRITORIO NACIONAL

CONSIDERANDO: Que conforme al reporte de la Dirección General de Impuestos Internos, al finalizar el año 2015, el parque vehicular en la Republica Dominicana era de 3,612,964 unidades, constituyendo las motocicletas el 53% del mismo, para un total de 1,946,594 unidades de estas máquinas de transporte.

CONSIDERANDO: Que de esa cantidad de conductores de motocicletas, apenas 50 mil ha obtenido la licencia correspondiente para conducir las mismas.

CONSIDERANDO: Que se ha calculado que una cantidad cercana a los 700 mil motocicletas se dedican al transporte de pasajeros (moto-concho) en todo el territorio nacional, mientras que el resto de ellas pertenecen a empresas públicas y privadas que las usan para sus mensajeros y las demás son propiedad de particulares que las utilizan como su medio de transporte.

CONSIDERANDO: Que se ha comprobado que cerca del 70% de los accidentes de tránsito son provocados por motocicletas, o de algún modo éstas se hallan vinculadas a los mismos.

CONSIDERANDO: Que por igual, las autoridades vinculadas a la seguridad ciudadana han llegado a la conclusión de que una parte bastante considerable de los asaltos que se producen en todo el territorio nacional son perpetrados por personas a bordo de motocicletas.

CONSIDERANDO: Que para el conductor de una motocicleta dicha conducción representa un peligro mayor que el manejo de un automóvil, ya que éste se expone más a las condiciones atmosféricas, a la circulación de los demás conductores y a las vías.

CONSIDERANDO: Que el literal a) del artículo 135, de la Ley 241, del 28 de diciembre del año 1967, establece expresamente la prohibición de transportar a otra persona, además del conductor, sobre una motocicleta, "...a no ser en un coche lateral, o asiento trasero adicional **complementado por agarraderas y estribos"**.

CONSIDERANDO: Que el literal c) del referido artículo señala, además, que el conductor de motocicletas también "... estará obligado a llevar puesto en su cabeza un casco protector confeccionado de un material resistente e inastillable, de acuerdo a las especificaciones que establezca la Dirección General de Tránsito Terrestre".

CONSIDERANDO: Que en la práctica, la gran mayoría de los conductores de motocicletas no cumple con los requisitos exigidos, en franca violación a las disposiciones establecidas en la ley 241.

CONSIDERANDO: Que la inobservancia de estas disposiciones contribuye a aumentar el número de accidentes fatales en las vías públicas del país, con su secuela de pérdida de vidas, bienes materiales y lesionados, lo que, además del sufrimiento, provoca al Estado un gasto que no ha sido debidamente cuantificado, pero que alcanza miles de millones de pesos cada año.

CONSIDERANDO: Que como entidad rectora del sistema de tránsito y transporte en todo el territorio nacional, conforme a la ley que le dio origen, es obligación de la Dirección General de Tránsito Terrestre velar por la fiel aplicación de las disposiciones relativas al tránsito vial en todo el territorio nacional.

CONSIDERANDO: Que de conformidad con los términos en que se expresan los ordinales a, b y c del artículo 195 de la Ley 241, es potestad del Director tomar aquellas otras medidas necesarias para el uso, por vehículos y peatones de las vías públicas, de acuerdo con las necesidades de la seguridad pública o del buen orden en el tránsito, o de las características y uso de los diferentes vehículos que transitan por las referidas vías.

Por todo lo antes expuesto y visto los artículos 135 y 195 de la Ley 241, del 28 de diciembre del año 1967, en nuestra condición de Director General de Tránsito Terrestre, dicto la siguiente:

PRIMERO: A partir de la aplicación de la presente RESOLUCION se dividen las motocicletas existentes en todo el territorio nacional, en tres grupos que son:

1. a) Las dedicadas al transporte de pasajeros (moto-concho).

2. b) Las dedicadas a mensajería (mensajeros de empresas públicas y privadas).

3. c) Las utilizadas por su propietario como medio de transporte individual.

SEGUNDO: Únicamente las motocicletas dedicadas al transporte de pasajeros quedan autorizadas a llevar en la parte trasera de dicho vehículo a otra persona, debiendo para ello llevar puesto en su cabeza, tanto el conductor como el pasajero, un casco protector confeccionado de un material resistente e inastillable, que le ayude a proteger esa parte de su cuerpo, en caso de sufrir un accidente de tránsito.

Párrafo.- La Dirección General de Tránsito Terrestre encaminará esfuerzos con otras instituciones estatales y privadas, a los fines de implementar en el futuro cercano, un sistema que permita dotar a los motociclistas de un chaleco reflectivo, debidamente numerado, que permita la fácil identificación de dichos conductores por parte de las autoridades.

TERCERO: Queda terminantemente prohibido a los conductores de motocicletas dedicadas a mensajería, llevar en la parte trasera de dichos vehículos a otra persona, sea de modo gratuito o por pago de dinero.

CUARTO: Queda prohibido a los conductores de motocicletas utilizadas por particulares para su transporte individual, llevar en la parte trasera de dichos vehículos a otra persona, sea de modo gratuito o por pago de dinero.

Párrafo I.- En este caso el propietario podrá solicitar un permiso a la Dirección General de Tránsito Terrestre para que sea autorizado a transportar otra persona en la parte trasera de su motocicleta.

Párrafo II.- En tales casos, la Dirección General de Tránsito Terrestre valorará los argumentos sustentados por los solicitantes y decidirá si le otorga o no dicho permiso, que en caso positivo, deberá dicho solicitante estar provisto de la matrícula de motor, la licencia, seguro y casco correspondientes, así como tener los mecanismos de seguridad de la motocicleta en perfecto estado.

QUINTO: La Dirección General de Tránsito Terrestre explorará vías y mecanismos para, junto a otras entidades públicas y privadas, incentivar y facilitar el que los motociclistas puedan obtener su correspondiente licencia de conducir y así ponerse a tono con lo establecido por la ley.

SEXTO: La presente RESOLUCION entrará en vigencia a partir del día 15 del mes de agosto, a los fines de dar oportunidad a los propietarios y usuarios de motocicletas, a hacer los ajustes que entiendan de lugar, para ponerse al día con las disposiciones emanadas de la misma.

SEPTIMO: Se instruye a la Autoridad Metropolitana del Transporte, AMET para que, en su calidad de fiscalizadora en la aplicación de las disposiciones contenidas en la ley 241 sobre vehículos de motor y sus Reglamentos, proceda a hacer cumplir la presente Resolución.

En santo Domingo de Guzmán, Distrito Nacional, Capital de la Republica Dominicana, a los doce (11) días del mes de agosto del año dos mil dieciséis (2016).

LIC. LUIS ESTRELLA
Director General de Tránsito Terrestre

Capítulo X
El valor de la verdad

El valor de la verdad
30 dedicieimbre, 2017

El escritor estadounidense Stephen King, nativo de Maine, Portland, en su obra: El hombre del traje negro, nos dice "No me interesan las opiniones, sino la libertad, y he descubierto que la escritura puede proporcionármela". Afirmando el famoso y versátil escritor en el referido libro; "Lo que escribes a veces te deja para siempre, como las viejas fotografías abandonadas bajo el sol radiante, fundido en un blanco absoluto".

Me identifico plenamente con Stephen King sobre la importancia de la libertad por encima de lo que puedan opinar los demás; así como también coincido con el escritor Aníbal Ponce, cuándo dice: "No merece escribir aquel que no es capaz de defender con la vida su opinión".

Desde mi infancia siempre defendí mi independencia, la libertad de expresarme, de emitir mis puntos de vistas ante cualquier situación, de defender lo que entendía justo, correcto y ajustado a la verdad. Aún estuviera equivocado, era vehemente en la defensa de mis criterios, hasta que me convenciera e hiciera consciencia de que estaba en terreno equivocado.

En la vida cuando tienes independencia de criterios, crees en la libertad de expresión y jamás negocias con tus principios; necesariamente tendrás que pagar un precio por ello, el cual en muchas ocasiones puede ser muy alto, incluyendo la cárcel, la presión económica, social, política y hasta la muerte.

Cuando defiendes con firmeza lo que consideras correcto, puedes chocar con intereses que afecten tanto tú vida como la de la familia, por lo que si no estás profundamente convencido de lo que defiendes, puedes caer en vacilaciones y debilidades que te lleven a dejar a un lado lo que siempre has defendido y considerado correcto.

Al momento de dejarte dominar por esas debilidades ideológicas, estás destinado a convertirte en un ser humano sin valores ni principios. Al poco tiempo te transformarás en un ente sin dignidad, que se vende al mejor postor, que vive a la caza de oportunidades, en un arribista, trepador, desleal y traidor.

Quien abandona los valores para dedicarse a una vida de "oportunidades", es probable que obtenga sus migajas materiales, convirtiéndose inclusive, en una persona; "honorable", "respetable" y "exitosa" ; desde el punto de vista social y económico. Por lo que quien decida transitar por ese camino, jamás encontrará la paz espiritual, la tranquilidad emocional y el decoro de mirar de frente a sus hijos, amigos y familiares sin tener que bajar la mirada.

Por eso creo de corazón y defiendo sin vacilación, la independencia del ser humano, su capacidad para luchar por la libertad por encima de todos los intereses, su fidelidad a los principios y su actitud para defender su honor en contraposición a la doblez y el arribismo.

POR ESO ENTIENDO QUE JAMÁS EXISTIRÁ NADA COMO EL VALOR DE LA VERDAD.

Contenido